Friedbert Stohner
Ich bin hier bloß der Opa

Jetzt kommt der Opa zu Wort! Denn über das Leben als rüstiger Rentner und Enkelaufpasser gibt es jede Menge zu erzählen. Die vier Enkel übernehmen? Für Opa ein Klacks! Natürlich fährt er mit den Kindern in den Vergnügungspark, am Familiensonntag, das schafft er doch spielend. Doch kaum stehen sie im Stau, hopsen die Kinder auch schon außer Rand und Band durchs Auto. Und dann muss auch noch vor den Kassen des Vergnügungsparks der Kleinste aufs Klo und verschwindet spurlos. Mit Opas Ruhe ist es vorbei. Trotzdem wird es ein lustiger Familienausflug. Denn auf Opa ist Verlass.

Friedbert Stohner, 1951 geboren, lebt in Altlußheim am Rhein. Nach langen erfolgreichen Verlagsjahren, in denen er u.a. das Hanser-Kinderbuch mit auf den Weg brachte, hat er sich ganz aufs Schreiben verlegt.

Hildegard Müller, 1957 geboren, lebt als Grafikdesignerin, Illustratorin und Autorin in der Nähe von Mainz. Für ihre Bilderbücher wurde sie bereits mehrfach ausgezeichnet. Ihre Buchgestaltung und ihre Illustrationen wurden unter anderem von der Stiftung Buchkunst gewürdigt.

FRIEDBERT STOHNER

Ich bin hier bloß der Opa

Gestaltung und Illustration
Hildegard Müller

dtv

1. Auflage
2021 dtv Verlagsgesellschaft mbH & Co. KG, München
Lizenzausgabe mit freundlicher Genehmigung der
Carl Hanser Verlag GmbH & Co. KG, München
© 2020 Carl Hanser Verlag GmbH & Co. KG, München
Umschlag, Gestaltung und Satz: Hildegard Müller
Druck und Bindung: Druckerei C.H.Beck, Nördlingen
Printed in Germany · ISBN 978-3-423-62754-2

Bist du sicher?

1

Natürlich hätte ich Nein sagen können. Aber tut man das, wenn einen vier Enkelkinder aus großen traurigen Augen anschauen und fragen: »Aber *du* bist doch gesund, Opa Ferdi, oder?« – Nein, das tut man nicht. Da sagt man Ja und denkt sich: Bin ich nicht schon vor Jahr und Tag ganz allein mit den Kindern in den Vergnügungspark gegangen, und außer dass mir eins von ihnen Ketchup auf die helle Sommerhose gekleckert hat, ist eigentlich nicht viel passiert? Gut, damals waren es nicht vier Kinder, sondern zwei, aber meine Güte: Ob sie dir nun ein- oder zweimal Ketchup auf die Hose kleckern, in die Reinigung muss eine helle Sommerhose so oder so. Außerdem würde ich diesmal Jeans anziehen. – Also ja.

»Ja«, sagte ich.

»Dann machen wir den Ausflug zum Vergnügungspark?«, fragte Sara.

»Und du fährst auch mit uns Achterbahn?«, fragte William.

»Und Geisterbahn und alles?«, fragte Wilma.

Nur Danny, der Jüngste der vier, fragte nichts. Er sprang stattdessen vom Stuhl am Esszimmertisch und führte einen seiner Freudentänze auf, bei denen er zu kreisenden Hüftbewegungen abwechselnd vor und hinter dem Körper mit den Armen wedelt. »Flossen« nennt man das, habe ich mir sagen lassen.

»Ja«, wiederholte ich.

»Bist du sicher?«, fragte meine Tochter, während sie Danny hinten am Pullover packte, damit er sich nicht, wie üblicherweise nach einem Freudentanz, zu einer Jubelrunde über die Polstermöbel aufmachte.

»Dass ich gesund bin?«, fragte ich.

»Hiergeblieben … junger Mann!«, sagte meine Tochter, gegen einen trockenen Husten ankämpfend.

Mir konnte sie sich erst wieder zuwenden, nachdem sie einen längeren Hustenanfall überstanden hatte.

»Nein, dass du im Ernst … mit *vier* Kindern in den … Vergnügungspark willst«, krächzte sie heiser. »Hiergeblieben, hab ich gesagt!«

»Ich bleib ja hier!«, schrie Danny und versuchte sich mit der geballten Wut eines sich ungerecht behandelt fühlenden Sechsjährigen loszureißen.

»Natürlich«, sagte ich.

»Danny, bidde!«, schaltete sich an der Stelle mein Schwiegersohn ein.

Ihm hörte man noch deutlicher als meiner Tochter die grässliche Erkältung an, die sich, von mir abgesehen, alle Erwachsenen in unserem von Großeltern, Eltern und Kindern bewohnten Drei-Generationen-Haus eingefangen hatten. Wie üblich hatten die Kinder das Virus aus der Schule angeschleppt, waren selbst aber nur ein paar Tage mit Schnupfennasen herumgelaufen. Das Abendessen, bei dem wir gerade saßen, war das erste seit genau einer Woche, das wir wieder gemeinsam einnehmen konnten. Es war Freitagabend, und Sara hatte, während sie die letzten Brotkrümel auf dem Teller mit den Fingerspitzen auftippte, vorsichtig die Frage nach dem für Sonntag geplanten Ausflug zum Vergnügungspark in den Raum gestellt.

»Den müssen … wir wohl … verschieben«, hatte meine Tochter, von zwei Hustenanfällen unterbrochen, geantwortet, und mein Schwiegersohn und meine Frau hatten sich, als hätten sie es so verabredet, in ihre Taschentücher geschnäuzt.

»Dud uns leid, Kinda«, hatte meine Frau von hinter ihrem Taschentuch versichert, und mein Schwiegersohn hatte, sein zerknülltes Taschentuch fest unter die gerötete Nase gepresst, die Achseln gehoben und genickt.

So hatte das Gespräch über den geplanten Ausflug begonnen, und mit meinem Ja auf die Frage nach meiner Gesundheit war es im Grunde schon zu Ende. Alles danach war nur noch Geplänkel, auch das übliche kleine Gerangel mit Danny, den man zu meiner Zeit einen wilden Racker genannt hätte. Inzwischen stand er still und versuchte nicht mehr, sich loszureißen, aber die verschnupfte Warnung seines Vaters verstieß offenbar genauso gegen sein Gerechtigkeitsempfinden wie der feste Griff seiner Mutter.

»Was denn? Ich *mach* ja gar nichts!«, beschwerte er sich.

»Du weift, waf if meine«, sagte sein verschnupfter Vater.

»Weiß ich gar nicht!«

»Weift du wohl.«

»Ich bin aber bloß mit Tischabräumen dran!«, schrie Danny mit blitzenden Augen und geballten Fäusten.

»Stimmt«, bestätigte sein großer Bruder William. »Mit mir.«

In den Augen seiner Mutter standen noch leise Zweifel, als sie Danny losließ, und wie sich zeigte, waren sie berechtigt. Der wilde Racker drehte jubelnd seine Runde über die Polstermöbel und scheiterte, wie meistens, beim Versuch, mit einem Riesensatz vom Sofa auf den Lesesessel seiner Mutter zu springen. Es tat den gewohnten dumpfen Schlag, und Danny blieb für geraume Zeit verschwunden. Danach kam er tapfer angehumpelt und half seinem großen Bruder, der schon die Hälfte der Gläser eingesammelt und auf ein Tablett gestellt hatte.

»*Ganz* sicher?«, fragte meine Tochter mit dem leicht schiefen Stirnrunzeln, von dem sie halb im Scherz und halb im Ernst behauptet, ihr Vater, also ich, habe es ihr samt einem etwas unregelmäßigen Haaransatz vererbt.

»Mama, die nehmen mein Glas, dabei ist

noch was drin!«, beschwerte sich Wilma, die kleinere der beiden Töchter.

»Stimmt doch gar nicht!«, sagte William und hob ein eindeutig leeres Glas in die Höhe.

»Das ist nicht meins!«

»Doch!«

»Nein!«

»Kinder, bidde!«, stöhnte mein Schwiegersohn.

»Hier … nimm … das von Opa!«, sagte meine Tochter und schob, vom Husten geschüttelt, mein leeres Glas und eine von zwei Wasserkaraffen über den Tisch.

»Das ist stilles, ich will aber mit Prickel!«, sagte Wilma und zeigte auf die zweite Karaffe, die nur leider leer war.

»If geh fnell welfes holen«, schniefte meine Frau.

Und in die entstandene Stille hinein antwortete ich meiner Tochter aus tiefster Überzeugung: »Aber gewiss doch.«

An den Vorbereitungen zu dem Ausflug war ich nicht beteiligt. Ich übernahm die mir anvertrauten Schäfchen erst unmittelbar vor der Abfahrt in der passenden Kleidung für einen leicht bewölkten Frühlingstag, also alle vier in Jeans, regentauglichen Kapuzenjacken und mit schief sitzenden Käppis in ihren Lieblingsfarben auf dem Kopf: Das von Sara war pink, das von William blau, das von Wilma grün und das von Danny rot. Ihre kleinen, ebenfalls lieblingsfarbigen Rucksäcke räumte meine Tochter zusammen mit meinem abgewetzten grauen Wanderrucksack hinten in den Familienbus, während mein Schwiegersohn seine Sprösslinge ermahnte, auf ihren Opa bitte genauso zu hören wie auf ihn.

Wenn ich ehrlich sein soll, hätte ich eine solche Ermahnung vonseiten meiner Tochter vorgezogen, denn wenn meine Enkel in dem altmodischen Sinne, wie ich es verstehe, überhaupt auf jemanden hören, dann auf ihre Mutter. Tatsächlich war ich für einen Augenblick versucht, eine entsprechende Bemerkung zu machen, unterließ es aber, als ich die Kleinen mit ernsten Mienen nicken sah.

»Und du bist sicher … dass ich euch nicht hinbringen … und wieder abholen soll?«, fragte meine immer noch vom Husten geplagte Tochter.

»Aber nein, wieso denn?«, antwortete ich, während die Kleinen auf ihre Plätze kletterten: die Großen auf die Rückbank und die Kleinen auf die beiden zusätzlich eingebauten Sitze dahinter. Dass es dabei nicht das übliche Gerangel gab, nahm ich als gutes Zeichen.

Die Fahrt verlief dann auch bis auf den letzten halben Kilometer vor dem großen Parkplatz des

Vergnügungsparks reibungslos. Dort begann sich der Verkehr zu stauen, was meine Tochter offenbar vorhergesehen hatte.

»Mama hat gesagt, sonntags zum Vergnügungspark zu fahren, ist eigentlich Quatsch«, erklärte mir Sara, als wir das erste Mal zum Stehen kamen.

»Weil es da am vollsten ist«, erklärte es William noch etwas genauer.

»*Wann* hat sie das gesagt?«, fragte ich und machte den Motor aus, weil es anscheinend für längere Zeit nicht weiterging.

»Gestern Abend, als du und Oma schon zu euch nach oben gegangen wart«, antwortete Sara.

»Aber Papa meinte, alle zusammen wären wir schließlich auch am Sonntag gefahren, weil Mama und er unter der Woche arbeiten müssen«, erzählte William. »Außerdem wärst du selber schuld, weil du den Ausflug ja unbedingt machen wolltest.«

Ich überlegte noch, wie ich die Geschichte zurechtrücken könnte, ohne den Kindern mit ihren großen traurigen Augen den Schwarzen Peter zuzuschieben, als ich es weit hinten im Wagen zweimal klacken hörte. Beim Blick in den Rückspiegel sah ich dann schon Wilma und Danny über die Köpfe ihrer größeren Geschwister hinwegschauen. Das hieß, sie hatten ihre Sicherheitsgurte geöffnet und standen auf den Sitzen.

»Sind wir da?«, krähte Wilma fröhlich.

»Nein«, sagte ich wahrheitsgemäß. »Bitte setzt euch wieder hin und schnallt euch an!«

»Wieso denn?«, fragte Danny.

»Wir fahren doch gar nicht!«, krähte Wilma.

Ein weiteres doppeltes Klacken sagte mir, dass Sara und William offenbar fanden, ihre kleinen Geschwister hätten recht.

»Bitte, Kinder, es geht bestimmt gleich weiter, und wenn ihr nicht angeschnallt seid, muss ich stehen bleiben«, sagte ich.

Es ist meine feste Überzeugung, dass man die Mehrzahl der Kinder am besten dann erreicht, wenn man mit ihnen wie mit Erwachsenen redet. So war es auch hier: Es machte kurz hintereinander dreimal »Klack!«, und nur Danny schaute noch über Williams Kopf.

Ich selbst schaute daraufhin zum ersten Mal nicht in den Rückspiegel, sondern über die Schulter. Ich spürte ein leichtes Ziehen im rechten unteren Rücken, blieb aber so geduldig wie zuvor.

»Na, was ist, Danny?«, fragte ich. »Möchtest

du's deinen Geschwistern nicht lieber nachmachen?«

»Nein«, antwortete er.

»Und warum nicht?«, fragte ich in einem Ton, der eher Neugier als Verärgerung anklingen lassen sollte.

»Weil wir ja immer noch nicht fahren«, erklärte mir Danny.

Ich spürte ein zweites, diesmal schmerzhafteres Ziehen, wollte mir aber nichts anmerken lassen und wechselte nur die Sitzposition, um mit der Hals- und Schultermuskulatur auch den Rücken zu entspannen.

»Opa, tut dir was weh?«, fragte Sara.

»Am Rücken oder so?«, fragte William.

»Papa ist es beim Umdrehen im Auto auch mal in den Rücken gefahren«, erzählte Sara.

»Da war's dann ein richtig schlimmer Hexenschuss«, erinnerte sich Sara.

»Aber nein«, sagte ich und sah neben Dannys Kopf auch den von Wilma wieder auftauchen. Diesmal musste sie den Sicherheitsgurt vollkommen geräuschlos geöffnet haben.

»Hört zu, Kinder …«, begann ich, was eine zweite, nun etwas genauere Erklärung werden sollte, weshalb ein vorübergehender kleiner Stillstand eben kein Grund war, die Sicherheitsgurte zu öffnen und auf den Sitzen herumzuturnen. Es kam nur nicht dazu, weil plötzlich ein wütendes Hupkonzert einsetzte.

Als ich vor Schreck herumfuhr, spürte ich statt des Ziehens im Rücken einen gemeinen Stich und sah, dass vor uns eine fünf bis sechs Pkw große Lücke entstanden war. Ein Blick in den linken Außenspiegel zeigte mir zudem, dass der Wagen hinter uns ein Stück ausscherte. Es war ein mächtiger schwarzer SUV, aus dessen Seitenfenster der kahl geschorene Kopf und der durchgehend tätowierte muskulöse Arm eines jungen Mannes herausschauten. Mit dem Arm zeigte mir der junge Mann energisch die Fahrtrichtung an. Was er mir dabei zurief, konnte ich wegen des anhaltenden Gehupes nicht verstehen, konnte es mir aber denken.

Noch bevor ich den Motor startete, hörte ich ein doppeltes Klacken, schaute aber trotzdem noch einmal in den Rückspiegel. Als ich auf den Hintersitzen nur zwei schief sitzende Käppis in Rot und Grün sah, fuhr ich an und schloss die Lücke, die inzwischen leider nicht größer geworden war. Wir standen wieder und sollten bis zum Erreichen der Parkplätze noch öfter stehen. Nur machten wir von jetzt an ein Spiel daraus: Die Kinder öffneten die Sicherheitsgurte und hampelten herum, und das Spiel war, ob sie schneller angeschnallt waren, als ich wieder den ausgeschalteten Motor starten und losfahren konnte.

Sehen Sie, geht doch!

3

Natürlich ließ ich die Kinder bei dem An-
schnallspiel gewinnen, und es war ein Riesen-
spaß, bis schon in der Einfahrt zum Parkplatz
plötzlich ein Polizist in Motorradkleidung
neben dem Wagen auftauchte. Er hatte sich von
der Beifahrerseite her angepirscht und an die
Scheibe geklopft, um mir zu erklären, dass ein
vorübergehender kleiner Stillstand doch wohl
kein Grund sei, Kinder die Sicherheitsgurte öffnen und auf den Sitzen herumturnen zu lassen.

Natürlich hätte ich den guten Mann über die

Vorgeschichte unseres Spiels aufklären können, aber wozu? Außerdem hatte er ja recht. Also borgte ich mir seine Autorität und sagte mit strengem Blick in den Rückspiegel:

»Ihr habt's gehört, Kinder!«

Es verging keine Sekunde, bis es hinter mir viermal klackte.

»Sehen Sie, geht doch!«, sagte der Polizist und tippte sich mit dem Finger an die Schläfe.

Er hatte sich noch nicht entfernt, und auch das Seitenfenster stand noch offen, als sich vor mir der Verkehr in Bewegung setzte und gleichzeitig das Handy in meiner Jackentasche klingelte. Der Polizist schien mir eigentlich nur für die Einfahrt zuständig zu sein, jedenfalls stand dort sein Motorrad. Aber von da an ließ er uns nicht mehr aus den Augen, auch nicht, als das Handy verstummte. Bis zu dem Platz, den uns ein Parkwächter zuwies, hielten wir noch etliche Male an, und immer tauchte er, kaum dass ich den Motor ausgeschaltet hatte, in unserer Nähe auf.

Wer den Polizisten zuerst entdeckt, war dann das zweite Spiel, das wir spielten, und die Gewinnerin oder der Gewinner durfte ihm winken, bis er das Winken erwiderte. Wie sich herausstellte, war Wilma bei dem Spiel nicht zu schlagen, aber bevor Danny sauer werden konnte, hatten wir zum Glück unsere endgültige Parkposition erreicht.

Auf das Handy, das inzwischen noch mehrmals gebrummt hatte, schaute ich erst, als wir alle unsere Rucksäcke aufhatten und der Polizist nach einem letzten Winken aller Beteiligten zu seinem Motorrad zurückging. Wie erwartet, fand ich eine Nachricht meiner Tochter vor:

Funkstille? – Sitzt ihr etwa noch im Auto?

Nein, schrieb ich zurück. *Für sonntags überraschend wenig los.*

Ich hielt das Handy so, dass die Kinder nicht mitlesen konnten, aber sie schienen sich auch nicht für den Nachrichtenaustausch zu interessieren. Sie hatten nur Augen für einen weißen Kastenwagen, der am Rand des Parkplatzes unter der weit ausladenden Krone einer Eiche stand. »Eis Bertolini«, stand über einem geöffneten Verkaufsfensterchen geschrieben, und oben aufs Dach war eine monströse bunte Eistüte montiert. Vor dem Wagen wartete eine lange Menschenschlange. »Opa, kriegen wir ein Eis?«, fragte Danny.

4

Ich schaute zu den Kassenhäuschen, vor denen sich ebenfalls lange Schlangen gebildet hatten, dann stellte ich mich mit den Kindern vor dem Eiswagen an.

»Jeder eine Kugel«, sagte ich.

»Sonst kriegen wir immer zwei«, behauptete Wilma.

»Eine«, sagte ich. »Für zwei muss ich eure Mama anrufen.«

Meine Tochter ist Ernährungsberaterin, muss man wissen.

»Okay, jetzt reicht vielleicht eine«, fiel Sara plötzlich ein.

»Mir auch«, sagte William.

»Also gut, dann kriegen wir eben später noch mal eine«, gab sich auch Wilma zufrieden.

Ich wunderte mich schon, dass Danny so still blieb, als ich bemerkte, dass er sich um etliche Plätze nach vorn gemogelt hatte. Die Mutter eines etwa gleichaltrigen Mädchens, das sich darüber beschwerte, schickte ihn gerade zurück.

»Ich will doch bloß aussuchen!«, protestierte er.

»Wenn du dran bist, darfst du aussuchen, so lange du willst«, sagte die Mutter und schob ihn sanft aus der Reihe.

Ich war, ehrlich gesagt, überrascht, dass er sich das gefallen ließ und nur mit finsterer Miene zu uns zurückgetrottet kam. Dass er sich den weiteren Protest aufsparen könnte, kam mir gar nicht in den Sinn. Das wurde mir erst klar, als wir nach geschlagenen zehn Minuten – ich habe auf die Uhr geschaut – an der Reihe waren.

Sara nahm Erdbeer, William Schokolade und Wilma wieder Erdbeer, alles in der Tüte. Ich selbst esse frühestens zur Kaffeezeit Süßes, und Danny überlegte. Außer Erdbeer und Schokolade war nur noch Vanille im Angebot, aber ihm schien die Entscheidung schwerzufallen.

»Na, junger Mann?«, versuchte der freundliche Eisverkäufer die Sache zu beschleunigen.

Danny zeigte mit dem Finger abwechselnd auf das Schokoladen- und das Erdbeereis, als träfe er seine Wahl mithilfe eines stumm gesprochenen Abzählreims.

»Schokolade oder Erdbeer?«, fragte der Eisverkäufer, ein schon etwas älterer Herr mit einer weißen Schiffchenmütze auf dem Kopf und dem Hauch eines italienischen Akzents.

»Vanille«, sagte Danny. Und nach einer kurzen Pause: »Oder nein!«

Der Eisportionierer steckte schon im Vanilleeis, als der Eisverkäufer innehielt.

»Erdbeer«, sagte Danny.

»Erdbeer«, wiederholte der Eisverkäufer, der entweder ein guter Schauspieler oder die Geduld in Person war.

»Oder nein, Schokolade!«

»Sicher?«, fragte der Eisverkäufer mit einem Lächeln, das unmöglich gespielt sein konnte. Der Mann *war* die Geduld in Person.

Weniger geduldig war eine Dame hinter uns in der Schlange.

»Himmel, wird das heute noch?«, fragte sie

und lieferte, sicher ungewollt, die Steilvorlage für Dannys nachgeholten Protest. Seine kleine Rache, könnte man es auch nennen. Er drehte sich um und sagte mit fester Stimme:

»Die andere Tante hat gesagt, ich darf so lange aussuchen, wie ich will.«

Im einsetzenden Gemurmel war auch leises Gelächter auszumachen, aber die vorherrschende Stimmung erschien mir doch eher leicht gereizt.

»Und was *hast* du dir ausgesucht?«, fragte der Eisverkäufer mit einem Lächeln, als hätte er Danny endgültig ins Herz geschlossen.

»Jetzt hab ich's wieder vergessen«, behauptete Danny.

Für einen Augenblick blieb es danach bedrohlich still, dann rief von hinten eine energische Männerstimme:

»Geben Sie ihm Erdbeer, und gut is'!«

Als ich mich umdrehte, sah ich, dass es der junge Kahlkopf mit dem tätowierten Arm war. Oder mit zwei tätowierten Armen, wie ich bei der Gelegenheit bemerkte.

»Nein, Schokolade!«, protestierte Danny. »Ich will SCHOKOLADE!«

Als ich wieder nach vorne schaute, reichte der Eisverkäufer schon die Tüte über die Theke, und

Danny trug sie zufrieden zu seinen Geschwistern, die ein paar Schritte neben dem Eiswagen auf ihn warteten.

»Danke!«, rief ich über die Schulter.

»Immer gern!«, kam es von dem jungen Mann zurück.

»Vier Euro«, sagte der Eisverkäufer, und ich griff in die linke Hosentasche, in der ich für gewöhnlich mein Kleingeld verwahre.

Um es kurz zu machen: Mir war erst kurz vor der Abfahrt eingefallen, dass ich ja Jeans und keine helle Sommerhose tragen wollte, und beim schnellen Umziehen hatte ich das Kleingeld vergessen. Den Rucksack mit der Brieftasche hatte ich zum Glück in der Hand, weil ich ihn im Gedränge ungern auf dem Rücken trage, und der freundliche Eisverkäufer verlor immer noch nicht die Geduld. Er seufzte nur leise, als sich herausstellte, dass mein kleinster Geldschein ein Fünfziger war.

»Opa, was ist denn?«, fragte Sara, während ich auf das Wechselgeld wartete.

»Was dauert denn so lange?«, fragte William.

»Kaufst du dir jetzt doch ein Eis?«, fragte Wilma.

»Moment, Kinder!«, sagte ich.

»46 Euro zurück«, sagte der Eisverkäufer.

Während er mir das Geld über die Theke reichte, sah ich aus dem Augenwinkel, dass nur noch drei meiner vier Enkel neben dem Eiswagen standen.

Danny fehlte.

Halt, hab ich gesagt!

5

»DANNY!«

Ich war mir sicher, dass er mich hörte, aber er rannte unverändert schnell auf die Kassenhäuschen zu. Wir anderen hasteten gerade so schnell hinter ihm her, dass die Kinder nicht ihr Eis verloren. Danny einholen zu wollen, war ohnehin aussichtslos.

»DANNY!«, rief ich ein weiteres Mal.

»Er bleibt nie stehen, wenn man ihn ruft«, stellte Sara nüchtern fest.

»Oder höchstens bei Mama«, erklärte mir William.

»Und wo will er hin?«, fragte ich.

»Aufs Klo«, sagte Wilma. »Er hat sein Eis zu schnell gegessen, und jetzt rumpelt sein Bauch.«

Ich hatte ihn – oder wenigstens sein leuchtend rotes Käppi – die ganze Zeit im Auge und sah, dass er gerade die Warteschlangen vor den Kassenhäuschen umkurvte und in Richtung Eingang rannte. Es handelte sich um ein schmiedeeisernes Tor aus der Zeit, als der Vergnügungspark sich noch »Märchenpark« nannte und das einzige Fahrgeschäft ein Kinderkarussell mit hölzernen Tieren und allen möglichen Autos war. Sonst hatte man dort hölzerne Schaukästen in den Wald gebaut, in denen wie auf einer Bühne und mit beinahe lebensgroßen Puppen Szenen aus bekannten Märchen nachgestellt waren. Ich weiß nicht, warum, aber während ich Danny nachschaute, fiel mir wieder ein, wie seine Mutter als kleines Mädchen in Tränen ausbrach, weil dem Wolf im Rotkäppchenkasten so eine grässlich lange rote Zunge aus dem Maul hing. – Vielleicht hatte mich das Rot von Dannys Käppi an die Zunge erinnert.

Allerdings war Danny plötzlich verschwunden. Dafür hörte ich lautes Geschrei von gleich zwei Männerstimmen.

»He, halt!«

»Wirst du wohl stehen bleiben!«

»Halt, hab ich gesagt!«

Im Näherkommen sah ich, dass die schreienden Männer zwei aufgeregt mit den Armen wedelnde Kontrolleure in dunkelblauen Uniformjacken mit goldglänzenden Knöpfen waren. Ich vermutete, dass Danny ihnen durchgeschlüpft war. Ihn selbst konnte ich, als wir das Eingangstor erreichten, nirgendwo entdecken.

»Entschuldigung, ist hier gerade ein kleiner Junge mit einem roten Käppi vorbeigekommen?«, fragte ich einen der Kontrolleure.

»Gehört der etwa zu ihnen?«, lautete die mit gehobenen Augenbrauen vorgebrachte Gegenfrage.

»Ja«, sagte ich. »Er muss dringend zur Toilette, *darum* hatte er's so eilig.«

»Und jetzt wollen Sie ihn nur schnell holen«, sagte der Mann mit einem Kopfnicken, das allerdings nicht mir, sondern einem jungen Paar mit einem Kleinkind im Buggy galt, deren Eintrittskarte er gerade kontrolliert hatte.

»Ja, bitte!«, antwortete ich.

»Vergessen Sie's!«, sagte er. »Den Trick kannten wir hier schon, als wir noch ›Märchenpark‹ hießen.«

»Wollen Sie mir etwa unterstellen …«

»Ich will gar nichts – zeigen Sie mir Ihre Eintrittskarte, und es gibt kein Problem!«

»Himmel, *ich* habe noch keine Eintrittskarte«, sagte ich.

»Eben«, sagte der Mann und begann eine größere Gruppe Erwachsener abzuzählen, bei denen es sich, der Aufschrift auf ihren T-Shirts nach, um die Mitglieder eines Kegelklubs handelte.

Ich überlegte mir, ob ich es einfach wie Danny machen und mich an dem sturen Menschen vorbeischlängeln sollte. Ich jogge noch regelmäßig, und er sprengte fast die goldenen Knöpfe der Uniformjacke, aber die anderen drei Kinder allein zurückzulassen, schien mir nicht wirklich ratsam.

»*Dreizehn*!«, hörte ich den Mann triumphierend ausrufen. »Ihre Karte gilt aber nur für zwölf.«

Für einen Moment hoffte ich, der Kegelklub würde ihn niedertrampeln, dann hörte ich Sara nach mir rufen.

»Opa, komm, die Leute lassen uns vor!«

Sie stand mit William und Wilma vor dem Fenster des nächstgelegenen Kassenhäuschens und winkte.

Die Familienkarte für einen Erwachsenen mit bis zu vier Kindern kostete 45 Euro, die ich passend aus der Hosentasche begleichen konnte. Und natürlich bedankte ich mich bei den freundlichen Menschen in der Schlange.

»Keine Ursache!«, kam es von dort zurück.

»Wenn man so höflich gefragt wird …«

»Glückwunsch zu den netten Enkeln!«

»Und *Ihnen* gute Besserung!«

Moment mal – wieso *mir*? Ich hatte mich schon abgewendet, und als ich mich noch einmal umdrehte, schaute ich in verständnisvoll lächelnde Gesichter.

»Ihr habt denen doch nicht erzählt, dass *ich* …?«, flüsterte ich meinen Enkeln zu.

»Doch«, sagte Sara.

»Wir wussten ja nicht, ob sie's uns mit Danny glauben«, erklärte mir William.

»Und wie du mit dem dicken Mann am Eingang geredet hast, hast du ganz genauso ausgesehen«, sagte Sara.

»Wie jemand, der schlimme Bauchschmerzen hat«, erklärte es mir William genauer.

»Da haben wir gesagt, dass du dein Eis zu schnell gegessen und jetzt Dünnpfiff hast«, krähte Wilma, wurde aber sofort von ihren älteren Geschwistern korrigiert.

»Wir haben ›Durchfall‹ gesagt«, sagte Sara.

»›Dünnpfiff‹ sagt man nicht!«, ergänzte William.

Ich selbst blieb still, weil ich die Kinder sonst hätte loben müssen. Schließlich hatten sie mir den Durchfall in bester Absicht angedichtet. Ich sah nur zu, dass wir schnell zum Eingang zurückkamen, was sich als gar nicht so einfach herausstellte. Auf halbem Wege kam uns nämlich der Kegelklub entgegen, und wären wir nicht ausgewichen, hätten die vor Zorn bebenden Damen und Herren womöglich doch noch jemanden niedergetrampelt.

Der Stau vor dem Eingang war kleiner, als ich nach dem Zwischenfall mit dem Kegelklub befürchtet hatte, aber wir brauchten uns auch nicht mehr zu beeilen: Danny stand freudestrahlend neben dem Betonkopf von einem Kontrolleur und schwenkte sein Käppi.

»Der Onkel hat mir Lakripf gefenkt«, erzählte er, während der Mann uns, ohne auch nur einen Blick auf unsere Eintrittskarte zu werfen, durchwinkte.

Genauer gesagt, war es eine Lakritzschnecke, das sah man an Dannys schwarz verschmierten Lippen und dem kleinen Stück, das ihm noch aus dem Mund baumelte.

»Lakritz darf man nicht essen, wenn man Dünnpfiff hat!«, krähte Wilma.

»Es heißt ›Durchfall‹«, sagte Sara.

»›Dünnpfiff‹ sagt man nicht!«, ergänzte William.

»Ich hab doch gar keinen«, sagte Danny.

»Und warum hattest du's dann so eilig?«, fragte ich ihn.

»Ich hab *gedacht*, es ist Dünnpfiff«, erklärte er mir. »Aber dann war's bloß ein großer Pups.«

»Es heißt ›Durchfall‹«, sagte Sara.

»›Dünnpfiff‹ sagt man nicht«, ergänzte, wie zu erwarten, William.

»Schönen Aufenthalt!«, wünschte uns der Kontrolleur in der zu engen Jacke.

»Danke!«, riefen die Kinder im Chor.

Ich bin nicht nachtragend, aber mich bei dem Mann zu bedanken, brachte ich nicht fertig. Im Übrigen brauchte ich jetzt dringend einen Kaffee.

Und alle dachten, Opa war's!

6

Ich hatte das Café kleiner und gemütlicher in Erinnerung. Früher hatten ein paar wackelige Tische und Stühle vor einem ausrangierten Zirkuswagen gestanden, und man hatte sich die Getränke selbst geholt. Jetzt nahm man in einem gewaltigen gläsernen Pavillon Platz und wurde bedient.

»Was darf's sein?«, fragte ein junger Kellner in der goldgeknöpften blauen Uniformjacke, die offenbar alle Mitarbeiter des Vergnügungsparks trugen.

»Einen Cappuccino, bitte!«, sagte ich.

»Und die Kleinen ein Eis?«, fragte der Kellner.

Ich wollte ihm erklären, dass sie gerade erst Eis gehabt hätten, aber die vier waren schneller.

»Nein, Cola!«, riefen sie im Chor.

»Und du brauchst Mama gar nicht anzurufen«, erklärte mir Sara.

»Bei Ausflügen dürfen wir nämlich«, erklärte mir William, was Sara meinte.

»Also, Cola trinken«, räumte Wilma jedes mögliche Missverständnis aus.

»Und mein Bauch rumpelt überhaupt gar nicht mehr«, versicherte Danny.

»Na gut«, sagte ich mit einem strengen Blick in die Runde. »Aber zwei reichen nach dem Eis!«

So wollte ich es auch dem jungen Kellner sagen. Der war nur leider schon verschwunden, und als er mit vier sprudelnden Gläsern der entsetzlichen braunen Brause wiederkam, wollte ich die Sache nicht unnötig verkomplizieren.

»Der Cappuccino dauert noch kurz«, erfuhr ich.

Tatsächlich dauerte der Cappuccino länger, als die Kinder für ihre Cola brauchten, und als der Kellner ihn endlich vor mich hinstellte, hörte ich von unterm Tisch ein seltsames Grummeln. Ich dachte erst an einen Hund, der sich von einem der Nachbartische angeschlichen hatte, aber dann zeigte William auf seinen kleinen Bruder und sagte:

»Das ist Dannys Bauch.«

»Der rumpelt wieder!«, rief Wilma erschrocken.

»Stimmt das?«, fragte ich Danny.

Dabei hätte ein Blick in sein Gesicht genügt: Der Junge litt offensichtlich Schmerzen.

»Ich glaub, ich muss aufs Klo«, sagte er mit schwacher Stimme und auf den Leib gepressten Händen.

»Zu den Toiletten nach draußen und dann links!«, hörte ich hinter mir den jungen Kellner sagen.

Als ich mich umdrehte, sah ich ihn am Nebentisch die Bestellung eines jungen Paars mit zwei Kindern im Kindergartenalter aufnehmen.

»Ein Cappuccino und eine Latte«, sagte der junge Vater.

»Ein Cappuccino, eine Latte, sehr gern. – Und die Kleinen ein Eis?«

»Schaffst du das?«, fragte ich Danny.

»Noch ein Eis?«, fragte er mit schmerzverzerrtem Gesicht.

»Nein, bis zur Toilette«, sagte ich.

»Glaub schon«, stöhnte er.

»Dann komm!«, sagte ich und nahm ihn bei der Hand.

»Au ja, Eis!«, riefen die Kinder am Nebentisch.

»Ein Cappuccino und eine Latte«, wiederholte der junge Vater.

»Was unsere Kinder essen, bestimmen immer noch wir«, musste sich der geschäftstüchtige Kellner von der jungen Mutter sagen lassen.

Danny und ich waren inzwischen aufgestanden.

»Ihr wartet hier und rührt euch nicht vom Fleck!«, sagte ich, an die anderen drei gewandt.

»Noch eine Cola solange?«, fragte der Kellner, an dem der Unmut der jungen Mutter abgeprallt zu sein schien.

»NEIN!«, antwortete ich schon im Gehen in dem Ton, in dem ich sonst nur unserem Golo das Sofa verbiete. Golo ist ein in Ehren ergrauter Riesenschnauzer und schon seit Längerem stocktaub.

»Entschuldigung, war ja nur eine Frage!«, rief der junge Mann mir hinterher.

»Wird das noch mit dem Cappuccino und der

Latte?«, hörte ich den jungen Vater fragen, dann waren wir aus der Tür.

Wie sich herausstellte, waren die Toiletten dieselben, die Danny schon kannte, und es war bis dahin zum Glück nicht weit. Das Schwierige war bloß, dass der arme Kleine, anders als nach dem zu schnell gegessenen Eis, nur vorsichtige Trippelschritte machen konnte. Als ich ihn auf halbem Wege loslassen musste, damit er wieder beide Hände auf den Leib drücken konnte, befürchtete ich schon das Schlimmste, aber wir erreichten den Flachbau, in dem die Toiletten untergebracht waren, ohne Zwischenfall und fanden zum Glück auch gleich eine freie Kabine.

Kaum dass Danny darin verschwunden war, hörte ich Geräusche, die mich an die schönste Reise meines Lebens erinnerten. Sie hatte meine Frau und mich nach Ruanda geführt, wo wir das große Glück hatten, die berühmten Berggorillas aus unmittelbarer Nähe beobachten zu dürfen. Ein einheimischer Führer hatte uns darauf vorbereitet, dass diese wunderbaren Tiere große Mengen pflanzlicher Nahrung zu sich nehmen und deshalb Geräusche von sich geben, die man selbst solchen imposanten Lebewesen nicht zutrauen würde.

Uns schienen sie damals am ehesten mit einem gefährlich nahen Donnergrollen vergleichbar, und ich hatte auch nie wieder etwas in der Art gehört – bis eben jetzt aus Dannys Kabine.

»Danny, alles gut bei dir?«, rief ich.

»Ja!«, rief er zurück.

Danach glaubte ich mich noch einmal in den ruandischen Regenwald zurückversetzt, aber schon wenig später kam mein jüngster Enkel aus der Kabine und berichtete freudestrahlend:

»Diesmal waren's zwei!«

Dann wusch er sich brav die Hände, und weil ich die Klinke der Eingangstür angefasst hatte, leistete ich ihm dabei Gesellschaft. Als wir uns schon die Hände abtrockneten, kamen fast gleichzeitig zwei Männer aus den Kabinen links und rechts neben der, die Danny benutzt hatte. Sie sahen einander an und schüttelten beide den Kopf, als wollten sie sagen: Ich war's nicht! Dann schauten sie auf Danny und mich, aber ihre Blicke zeigten deutlich, wen sie verdächtigten.

Mich kümmerte der falsche Verdacht nicht weiter, aber Danny protestierte.

»Das war *ich*!«, schmetterte er den beiden entgegen. »Opa kann nicht mal halb so laute!«

Ich schob ihn aus der Tür, doch die Sache beschäftigte ihn weiter. Anscheinend verstieß der falsche Verdacht der beiden Männer gegen seinen ausgeprägten Gerechtigkeitssinn.

»Stimmt doch!«, sagte er. »Ich kann die lautesten Pupse im ganzen Kindergarten, das sagen *alle*!«

»Tust du mir den Gefallen und sprichst trotzdem leiser?«, fragte ich ihn.

»Wieso denn? Das kann doch jeder wissen, dass ich vom ganzen Kindergarten am lautesten pupsen kann!«, protestierte er.

Man drehte sich natürlich nach uns um, aber von da an blieb Danny bis zum Pavillon still. Ich dachte schon, er hätte sich beruhigt, aber er hatte wohl nur Kräfte gesammelt. Als wir den Pavillon betraten, dauerte es ein paar Sekunden, bis er seine Geschwister ausfindig gemacht hatte, dann verkündete er mit seiner glockenhellen Kleinjungenstimme:

»Ich hab die zwei größten Pupse der Welt gelassen, und alle dachten, Opa war's!«

Mein Cappuccino war, wie nicht anders zu erwarten, kalt geworden, aber ich trank ihn trotzdem. Dann winkte ich den jungen Kellner heran und bezahlte. Trinkgeld gab ich keines. Ich habe als Student selbst gekellnert, und weil ich weiß, was für ein harter Job es ist, gebe ich sonst immer Trinkgeld. Sogar reichlich. Aber diesmal nicht.

7

Draußen angekommen, überlegte ich noch, in welche Richtung wir gehen sollten, als Danny fragte, ob wir jetzt endlich mal was machten, anstatt immer nur rumzusitzen und Cappuccino zu trinken. Ich entschied mich, ohne auf die Frage einzugehen, für rechts, schon um nicht an den Toiletten vorbeizumüssen, die Danny bestimmt noch einmal auf sein Lieblingsthema gebracht hätten.

»Da geht's zur Achterbahn, stimmt's?«, fragte William.

Tatsächlich sahen wir sie schon über den Bäumen des kleinen Wäldchens aufragen, das wir auf dem Weg dorthin durchqueren mussten.

In dem Wäldchen selbst stand zu meiner Überraschung noch einer der hölzernen Schaukästen, die ich längst abgebaut glaubte. Dass es ausgerechnet der Rotkäppchenkasten war, rührte mich fast zu Tränen. Im Unterschied zu früher war an der Vorderseite eine schützende Glasscheibe angebracht. In die alten Kästen hätte man noch hineingehen und die aufgestellten Märchenfiguren anfassen können. Damals wäre nur niemand auf die Idee gekommen. Die Überschrift auf einer kleinen Schautafel lautete: »Mit einem Märchenpark fing alles an.«

»Ich hab euch doch bestimmt mal erzählt, dass eure Mama als kleines Mädchen schrecklich weinen musste, weil der Wolf hier …«

Ich war stehen geblieben und merkte erst jetzt, dass die Kinder weitergegangen waren und ein paar Schritte entfernt auf mich warteten. Als ich sie heranwinkte, schienen sie zwar nicht begeistert, aber sie kamen zurück. Ich zeigte auf den Wolf und begann noch einmal von vorn:

»Ich hab euch doch bestimmt mal erzählt, dass eure Mama als kleines Mädchen schrecklich weinen musste …«

»… weil dem Wolf hier so eine grässlich lange rote Zunge aus dem Maul hängt«, fiel Sara mir ins Wort.

»Das erzählst du immer, wenn du denkst, wir spielen zu gruselige Computerspiele«, sagte William.

»Damit Mama und Papa sehen, wie empfindlich manche Kinder sind«, ergänzte Sara.

»Dabei sind wir kein bisschen empfindlich«, sagte Wilma.

»Und sowieso spielen wir meistens Minecraft«, erklärte mir Sara.

»Da kommen gar keine Wölfe vor«, erklärte mir William, was Sara meinte.

Ich überlegte mir noch, ob es einen Sinn hatte, mit den Kindern mitten im Vergnügungspark über Computerspiele zu diskutieren, als ich bemerkte, dass Wilma mit großen Augen an mir vorbei in den Schaukasten starrte. Erst dachte ich, sie interessiere sich doch noch für den grässlichen Wolf, dann sah ich, wie sie William in die Seite stieß.

Ich drehte mich um und sah Rotkäppchen und den Wolf wie eh und je zwischen aus Spanplatten gesägten, grün angemalten Bäumen stehen. Nur schaute hinter einem der Bäume Danny hervor. Ein paar Kinder drückten sich die Nasen an der großen Glasscheibe platt, und ein kleiner Junge rief über die Schulter:

»Mama, der Junge da im Wald – ist das Hänsel?«

»Hänsel kommt doch nicht in Rotkäppchen vor, du Doofi!«, belehrte ihn ein etwas größeres Mädchen, das neben ihm stand.

»Mama, sie hat wieder Doofi gesagt!«, beschwerte sich der Junge.

»Weil Hänsel nicht in Rotkäppchen vorkommt, sondern in Hänsel und Gretel, Doofi!«, sagte das Mädchen.

»Mama, schon wieder!«, rief der Junge weinerlich.

Die beiden waren also Geschwister, und dass sie sich stritten, war ihre Mama offenbar gewohnt. Jedenfalls reagierte sie gar nicht darauf, sondern wollte nur wissen, wo denn in dem Schaukasten ein Junge sei. In der Tat war Danny jetzt nicht mehr zu sehen.

»Gerade war er noch da«, sagte der Junge.

»Stimmt«, sagte seine Schwester. »Trotzdem war's nicht Hänsel, Doofi!«

»MAMA!«

»Och Kinder, bitte!«, hörte ich die Mutter seufzen, dann holte sie die zwei von der Scheibe weg und dirigierte sie in Richtung Achterbahn.

Dasselbe hätte ich jetzt gern mit Danny gemacht, nur hätte ich ihn dazu von *hinter* der Scheibe wegholen müssen, und ich hatte keine Ahnung, wie man dort überhaupt hinkam. Vermutlich gab es auf der Rückseite des Schaukastens eine Tür, und ganz offensichtlich war sie nicht verschlossen.

Vor der Scheibe gab es jetzt ein kleines Gerangel, weil alle dort versammelten Kinder den verschwundenen Jungen suchten und dazu hin und her liefen. Ich selbst sah einen der hinteren Bäume schwanken und hoffte, dass Danny dort auf dem Weg zur Tür war.

Er war es leider nicht.

»Da!«

»Da ist er wieder!«

»Jetzt schaut er Rotkäppchen in den Korb!«

»Er will den Kuchen rausholen, aber der klemmt fest!«

»Vielleicht will er den Wolf damit füttern!«

»Jetzt hat er den Kuchen!«

»Der füttert den Wolf wirklich!«

Man hätte nicht hinzuschauen brauchen und trotzdem gewusst, was Danny in dem Schaukasten veranstaltete. Die Kinder vor der Scheibe hielten einen auf dem Laufenden. Sara, William und Wilma standen inzwischen mitten unter ihnen, allerdings machten *sie* ihrem Bruder Zeichen, dass er mit dem Quatsch aufhören und aus dem Kasten herauskommen solle. Auch ich versuchte es mit Zeichensprache, genauer gesagt mit derart heftigem Winken, dass ich einer schräg hinter mir stehenden Frau den Strohhut vom Kopf wischte. Sie bückte sich danach, und als sie sich wieder aufrichtete, sah ich, dass sie eine blaue Uniformjacke mit goldenen Knöpfen trug.

»Entschuldigen Sie!«, sagte ich, nun nicht mehr winkend, aber sie starrte ohnehin nur gebannt nach vorn zu dem Rotkäppchenkasten.

Sie war eine kleine, etwas rundliche Person schon fast in meinem Alter und musste sich auf die Zehenspitzen stellen, um zu sehen, was in dem Kasten vor sich ging.

Danny versuchte dort gerade, den erkennbar aus einer Art Schaumstoff bestehenden Kuchen abwechselnd so zu falten oder zusammenzuwickeln, dass er dem Wolf ins Maul passte. Als es mit beiden Methoden nicht klappen wollte, zog und zerrte er an der langen roten Zunge.

»Der reißt dem Wolf noch die Zunge raus!«

»Geschieht dem Wolf doch recht!«

»Dann kann er wenigstens nicht mehr die arme Großmutter auffressen!«

»Kann er wohl, er hat ja noch seine schreckli-
chen Zähne!«

Seit ich die Uniformjacke bemerkt hatte,
winkte ich, wie gesagt, nicht mehr. Trotzdem
schaute mich die kleine Frau jetzt mit vor Ent-
setzen geweiteten Augen an und fragte:

»Gehört der Junge da drinnen etwa zu ihnen?«

Ich wollte nicken, aber sie wartete meine Antwort gar nicht ab – wahrscheinlich, weil sie dasselbe sah wie ich, nämlich dass Danny, nachdem
er bei der Zunge nichts erreichte, an den Reiß-
zähnen des Wolfes ruckelte.

»Na warte, Freundchen!«, hörte ich die Frau
hervorstoßen, dann stürmte sie los.

Ich sah sie im selben Moment hinter dem
Schaukasten verschwinden, als Danny drinnen
seinen Freudentanz begann. Er hatte es doch
noch geschafft: Rotkäppchens Kuchen klemmte
dem Wolf zwischen den Zähnen, und draußen
vor der Scheibe brach ein ohrenbetäubender Jubel los.

»Yeaaahhh!«

»Er hat dem Wolf das Maul gestopft!«

»Und guck, wie der tanzen kann!«

»Wow!«

Ich meinte sogar ein mehrstimmiges »Bravo,

Danny!« zu vernehmen, das nur von seinen Geschwistern kommen konnte.

Dann tauchte die kleine Frau in der Uniformjacke und mit dem Strohhut zwischen den hölzernen Bäumen auf, und der Jubel war wie ausgeknipst. Aus der Ferne waren die Schreie der Achterbahnfahrer zu hören, sonst war es totenstill. Danny und die Frau standen sich Auge in Auge gegenüber.

»Ist das Rotkäppchens Großmutter?«, hörte ich ein piepsiges Stimmchen fragen.

»Quatsch, das ist *seine*!«, kam es aus dem Kinderpulk zurück.

Genau da machte die Frau einen Satz nach vorn. Für ihr Alter erschien sie mir überraschend flink, aber natürlich war sie nicht flink genug für Danny. Als sie die Arme nach ihm ausstreckte, wand er sich schlangengleich um den Wolf herum, schlug einen Haken um das Rotkäppchen und verschwand, die Hüften schwingend wie ein Slalomläufer, zwischen den ausgesägten Bäumen.

Draußen brach neuer Jubel los, und die Frau war vernünftig genug, Danny nicht zu jagen. Sie ließ es gut sein und kümmerte sich stattdessen um Rotkäppchens Kuchen. Wie sich zeigte, war er leichter aus dem Wolfsrachen herauszuholen, als ich vermutet hätte. Ein kleiner Ruck genügte, und er war sogar noch heil. Die Frau brauchte ihn nur etwas zurechtzukneten, dann konnte sie ihn an seinen angestammten Platz in Rotkäppchens Korb zurücklegen. Als sie sich beide, Rotkäppchen und den Wolf, noch einmal betrachtete, sah ich die Frau zum ersten Mal lächeln.

Aber die Kinder draußen waren sauer.

»Buuuh!«

»Jetzt hat sie alles kaputt gemacht!«

»Der arme Wolf!«

»Wenn er jetzt wieder Hunger auf Rotkäppchens Großmutter hat, ist *sie* schuld!«

»Buuuuuh!«

Die kleine Frau in der Uniformjacke und mit dem Strohhut verschwand kopfschüttelnd zwischen den Bäumen, und ich spürte, wie mich jemand am Ärmel zupfte. Es war Danny.

»Fahren wir jetzt endlich Achterbahn?«, wollte er wissen.

Nicht Sie – die Kinder!

68!

8

In meiner eigenen Kindheit galten Strafen noch als das erste und in vielen Fällen einzige Mittel der Erziehung. Bestraft wurde man für das, was man getan – oder wie man damals sagte: ausgefressen – hatte, und eine mögliche gute Absicht dahinter interessierte nicht. Heute fragt man nach dieser Absicht, und das ist auch – nein: gerade! – im Falle kleiner Racker wie Danny richtig so. Auf dem Weg zur Achterbahn fragte ich ihn deshalb, ob er den Wolf denn habe füttern wollen, um Rotkäppchens Großmutter zu retten.

»Opa meint, weil der Wolf dann satt gewesen wäre und auf die arme alte Frau vielleicht gar keinen Appetit mehr gehabt hätte«, erklärte Sara genauer, worauf ich mit meiner Frage hinauswollte.

»Dann wär's nämlich eine gute Tat gewesen und nicht bloß eine blöde Idee«, erklärte es William noch einmal in anderen Worten.

»Quatsch!«, sagte Danny. »Der Wolf war doch gar nicht echt.«

»Und woraus war er?«, fragte Sara.

»Aus Holz, glaub ich«, antwortete Danny.

»Die Zunge auch?«, fragte Wilma. »Oder war die weich und glitschig?«

»Nein, ganz hart und trocken«, antwortete Danny.

»Also wahrscheinlich auch aus Holz«, vermutete Sara, und William nickte.

Inzwischen hatten wir das Ende des Wäldchens mit dem Schaukasten erreicht, und Danny selbst schien das Interesse an der Sache mit dem Wolf verloren zu haben. Jedenfalls bestätigte er Saras Vermutung über dessen Zunge nicht, sondern blieb mit dem Kopf im Nacken stehen, um die beängstigend hohe Achterbahn zu bestaunen. Das heißt, beängstigend hoch war sie wohl nur für mich. Die Kinder waren begeistert und wären alle zusammen losgerannt, hätte ich sie nicht mit einem entschiedenen »HALT!« daran gehindert.

Die vier blieben stehen und schauten überrascht zu mir auf.

»Du hast doch gesagt, wir fahren«, sagte Wilma mit vorgeschobener Unterlippe. Dass die nicht zitterte, sollte mir zeigen, dass ich noch eine Chance hatte, mich eines Besseren zu besinnen.

Wilmas Geschwister beließen es nach der ersten Überraschung bei beleidigten Blicken.

»Das machen wir auch«, sagte ich. »Aber ohne Fahrschein werden sie euch kaum mitnehmen, oder?«

Die Antwort waren ein dreifaches Kopfschütteln und ein Augenrollen von Danny.

»Außerdem wollte ich Danny noch was fragen«, fuhr ich fort.

Es folgte ein weiteres Augenrollen, über das ich mir aber keine Sorgen machte, weil ich wusste, dass es bei Danny erst gefährlich wird, wenn die Augen blitzen und er die Fäuste ballt. Wie sich herausstellte, lag ich mit meiner Einschätzung seiner nervlichen Verfassung richtig. Als ich ihn fragte: »Magst du mir sagen, warum du das mit der Torte und dem

Wolf gemacht hast?«, antwortete er achselzuckend: »Nur so.«

»Das sagt er immer, das weißt du doch«, sagte Sara, als wunderte sie sich, weshalb ich eine derart überflüssige Frage überhaupt stellte.

»Also, wenn man ihn fragt, warum er irgendwelchen Quatsch gemacht hat«, erklärte mir William, was seine Schwester meinte.

»Oder wenn er welchen vorhat«, ergänzte Sara.

»Sogar wenn Mama ihn fragt, sagt er das«, wusste Wilma.

»Gehen wir jetzt endlich?«, fragte Danny, und ich nickte zwar, bat mir aber aus, dass sie sich alle vier hinter mir in die Warteschlange vorm Eingang zur Achterbahn einreihten und sich keiner – ich wiederholte das »keiner«, ohne jemand Bestimmten anzuschauen – nach vorn zu mogeln versuchte.

»Und die Fahrscheine?«, fragte Sara und zeigte auf die Kasse, an der, ein Stück vom Eingang entfernt, ebenfalls Leute anstanden.

»Haben wir schon. Eine Fahrt für jeden ist bei der Eintrittskarte mit dabei«, erklärte ich den Kindern, und der Rest war Warten.

Ich weiß nicht, ob schon jemand ausgerechnet hat, wie lange man sich in Vergnügungsparks tatsächlich vergnügt und wie lange man für sein Vergnügen ansteht. Ich behaupte einen deutlichen Vorsprung für das Anstehen. Der Mehrzahl der Mitansteher und Mitansteherinnen schien das allerdings nichts auszumachen. Auch meinen vier Enkeln nicht, die, wie alle anderen Kinder in der Schlange, bei jedem hoch über unsere Köpfe hinwegrauschenden Zug in das Jubelgeschrei der Insassen einstimmten.

Mir selbst war nach allem anderen als nach Jubeln zumute. Zum Beispiel nach einem Cappuccino. Meinetwegen auch nach einem kalten. Wäre ich allein gewesen, hätte ich auf der Stelle kehrtgemacht und mich für den Rest des Tages gemütlich in den Pavillon gesetzt. Ich hätte mir einen Cappuccino bestellt, vielleicht ein Stück Kuchen dazu, und egal, ob er es verdient hätte: Diesmal hätte ich dem jungen Kellner ein Trinkgeld gegeben.

»Opa, weißt du, wie man Achterbahnen noch nennt?«, fragte William.

»Kotzmühlen!«, krähte Wilma, bevor ich über eine Antwort auch nur nachdenken konnte.

Obwohl just da einer der Züge vorbeirauschte, sah ich einige Erwachsene vorwurfsvoll zu uns herschauen. Man darf Kindern die Freude an solchen Wörtern nicht übel nehmen, aber ich konnte die vorwurfsvollen Blicke gut verstehen. Schließlich schoss mir selbst gerade durch den Kopf, dass ich Gott sei Dank kein Eis gegessen hatte.

Als mir wenig später das wachsweiche Ei einfiel, das ich gefrühstückt hatte, waren wir zum Glück schon bei zwei Kontrolleuren in blauen Uniformjacken mit goldenen Knöpfen angekommen, und ich konnte den Gedanken an das Frühstücksei nicht weiterverfolgen. Dafür kam mir blitzartig ein anderer, nämlich der, zu kneifen und die Kinder allein fahren zu lassen. Aber da fragte einer der Kontrolleure schon:

»Wie alt?«

»Achtundsechzig«, antwortete ich.

»Nicht Sie – die Kinder!«, sagte der Kontrolleur, ohne eine Miene zu verziehen.

»Sechs – sieben – neun – zehn«, antworteten Danny, Wilma, William und Sara in exakt der richtigen Reihenfolge.

»Und *du* gehst schon zur Schule?«, wollte der Kontrolleur von Danny wissen.

»Ja«, antwortete Danny stolz. »Im Herbst, und ich hab auch schon meinen Spiderman-Rucksack.«

»Dann musst du mit Opa fahren, damit er auf dich aufpassen kann«, sagte der Kontrolleur.

»In die Schule?«, fragte Danny.

»Nein, jetzt gleich, in der Achterbahn«, sagte der Kontrolleur.

Die feige Idee, vor der Fahrt zu kneifen, hätte ich also ohnehin vergessen können.

Ein dritter Uniformierter geleitete uns zum Zug, erklärte uns, dass die Kinder ihre Käppis besser in die Rucksäcke packen und wir die Rucksäcke unter den Sitzen verstauen sollten, dann wies er uns unsere Plätze an: Sara und Wilma saßen nebeneinander, dahinter Danny und ich, und hinter uns William, dessen Nachbarn wir kannten: Es war der junge Kahlkopf mit den tätowierten Armen, der mich freundlich grüßte. Erst jetzt bemerkte ich, dass er nicht allein unterwegs war. Hinter ihm saß eine junge Frau mit einem Jungen von vielleicht acht, neun Jahren, der ihm, bis auf die Frisur, wie aus dem Gesicht geschnitten war. Die junge Frau wiederum hatte die gleichen tätowierten Arme, woraus ich schloss, dass es sich bei den dreien um ein Paar mit seinem Nachwuchs handeln musste. Tatsächlich beugte sich die junge Frau, als der Zug anfuhr, nach vorne und fragte lächelnd:

»Na, mein Hase, doch ein bisschen Bammel?«

Die Antwort hätte man sich denken können: Sie bestand im abgeklärten Lächeln eines harten Kerls. Dasselbe Lächeln setzte der junge Vater auch auf, als der Zug schon anruckte und ihn sein Söhnchen fragte, ob er wisse, wie man zu Achterbahnen noch sage. Dass er zusätzlich zu dem Lächeln den Kopf schüttelte, konnte ich nicht mehr sehen, weil ich bei der Anfahrt nach vorne schaute. Aber er muss ihn geschüttelt haben, denn während der Zug so steil bergauf fuhr, dass ich mich an den Armlehnen festklammerte, rief das Söhnchen über die ersten Jubelschreie der Mitfahrenden hinweg:

»Organisiertes Brechen!«

Ich weiß noch, was ich in dem Moment dachte. Ich dachte: Selbst wenn der Kleine das nur aufgeschnappt hat und gar nicht weiß, was für ein feines Wortspiel er da herausposaunt – Respekt, dass er sich's überhaupt gemerkt hat!

Danach dachte ich nichts mehr. Wir hatten den höchsten Punkt der steilen Bergauffahrt erreicht, und nach einem kurzen Stillstand – oder jedenfalls etwas, was mir wie ein Stillstand vorkam – ging es genauso steil bergab.

Ich weiß nicht, warum, aber erst während wir in rasendem Tempo in die Tiefe stürzten, fiel mir ein, dass ich schon einmal Achterbahn gefahren war: noch als Schüler auf einer Kirmes und nur, um mich vor meinen Freunden nicht zu blamieren. Bilder dieser Fahrt waren mir nicht geblieben, weil ich von Anfang bis Ende die Augen zugekniffen hatte. Ich erinnerte mich nur an ein ohrenbetäubendes Rattern und die blauen Flecken, die ich mir in einem kaum gepolsterten hölzernen Wagen geholt hatte.

Auf der Sturzfahrt jetzt waren nur Schreie zu hören. Der Zug selbst fuhr nahezu geräuschlos, und der Sitz, in die mich die Fliehkräfte pressten, war weicher als die Polster meines geliebten Lesesessels. Trotzdem kniff ich, wie bei meiner ersten und bisher einzigen Achterbahnfahrt, die Augen zu.

Im Nachhinein könnte ich nicht einmal sagen, ob ich das wieder bis zum Ende durchhalten wollte. Ich glaube, ich wollte gerade gar nichts mehr. Ich ergab mich in mein Schicksal als Passagier einer Reise, die ich im Grunde gegen meinen Willen angetreten hatte und von der es kein Zurück gab.

»Yeaaahhhhhhh!«, hörte ich Dannys Stimme aus allem anderen Geschrei heraus.

Dann gab es einen Ruck, der, was mich betrifft, zweierlei zur Folge hatte: Ich wurde noch fester in den Sitz gepresst, und es riss mir, ohne dass ich mich dagegen hätte wehren können, die Augen auf. Es ging jetzt steil nach oben, und während ich selbst mich mit aller Kraft in die Armlehnen verkrallte, warfen drei meiner Enkel jubelnd die Arme in die Luft. Mich nach dem vierten, William, umzudrehen war mir in meiner verkrampften Sitzhaltung nicht möglich, aber ich ging davon aus, dass er sich nicht weniger amüsierte als seine Geschwister.

Die Bergaufstrecke war diesmal kürzer als die erste, genauer gesagt, so unerwartet kurz, dass mich die folgende scharfe Linkskurve völlig unvorbereitet traf. In der alten Kirmesachterbahn hätte es mich jetzt gegen die harte Wagenwand geworfen. Hier spürte ich nur, wie sich der Zug sanft in die Kurve neigte und sich der Druck der weichen Rückenpolster leicht von links nach rechts verstärkte. Zu meinem Erstaunen tat das meinem Rücken gut. Nicht dass ich seit dem Verlassen des Autos noch Schmerzen gehabt hätte, aber von dem gemeinen Stich während der Fahrt war doch eine leichte Verspannung geblieben, und offenbar hatte man mir das angemerkt. Jedenfalls hatte der Platzanweiser Anstalten gemacht, mir in den Sitz zu helfen, und es nur unterlassen, weil ich ihm unauffällig ausgewichen war. – Und nun das! Der Achterbahnzug lehnte sich sanft in die Kurve, und die Verspannung war wie weggeblasen. So etwas hatte ich zuletzt bei einem übel riechenden und noch dazu sündhaft teuren Moorbad erlebt.

»Yippiieeeee!«, jubelten meine Enkel, als sich der Zug in die nächste, diesmal rechte Kurve legte.

Es hätte nicht viel gefehlt, und ich hätte mitgejubelt. Was mich im letzten Moment daran hinderte, war eine neuerliche Sturzfahrt, die mir den Atem nahm.

»Klasse, Opa, oder?!«, schrie mir Danny von schräg unten ins Ohr.

»Yeaaah!«, schrie ich zurück. Ich fürchte nur, es klang mehr wie ein Jodeln, weil wir ausgerechnet da wieder nach oben gerissen wurden.

Es war während der folgenden Fahrt bergauf, als mir bewusst wurde, dass ich schon seit Längerem die Augen offen hatte. Ich schloss sie die ganze restliche Fahrt nicht mehr. Ich genoss die wunderbare Aussicht bis zu den fernen Bergen, als wir für längere Zeit hoch oben und nicht allzu schnell waagerecht dahinfuhren, erklärte den beiden Mädchen, dass zwei Kirchtürme, die sie mir zeigten, zu unserem Heimatort gehörten, und musste Danny leider widersprechen, als er in einer Staubwolke nicht weit davon eine Büffelherde vermutete.

»Da fährt wohl eher ein Trecker«, erklärte ich ihm, den Trecker zu einem »Treeecker« in die Länge ziehend, weil genau da die langsame Gondelfahrt zu Ende war und wir wieder in die Tiefe rauschten.

Es ging noch öfter auf und ab, und als wir ein

letztes Mal in luftiger Höhe dahinglitten, wagte ich es sogar, mich nach William umzuschauen. Ich sah ihn seitlich über die Armlehne in die Tiefe spähen, als überlegte er, ob man auch durch das Streben- und Schienengewirr der Bahn nach unten klettern statt immer nur langweilig auf Schienen fahren könne. Mir selbst waren solche Gedanken fremd, und auch auf den Blick in die Tiefe konnte ich gut verzichten.

Als unser Zug sich Sekunden später wie in Zeitlupe nach vorne neigte, schaute ich wieder geradeaus, sah aber noch aus dem Augenwinkel, wie sich Williams Sitznachbar, der tätowierte Vater, plötzlich beide Hände vor den Mund presste. Schon vorher war er mir seltsam blass und still erschienen, ich hatte mir aber nicht wirklich etwas dabei gedacht.

Auch während der folgenden letzten Schussfahrt hatte ich Besseres zu tun, als über den jungen Mann hinter mir nachzudenken: Ich stimmte in das »Yippiiieeeee!« meiner Enkel ein und riss dabei sogar die Arme hoch – zugegeben, nur für Bruchteile einer Sekunde, aber ich versuchte es ja auch zum ersten Mal.

Als wir ausstiegen, war das Elend des tätowierten Vaters nicht mehr zu übersehen. William öffnete ihm den Sicherheitsgurt, und ich half ihm zusammen mit der jungen Frau aus dem Sitz.

»Muss der Onkel jetzt kotzen?«, fragte Danny, bevor ich ihn mit seinen Geschwistern in Richtung Ausgang voranschicken konnte.

Den jungen Vater führten wir erst einmal zu einer Bank, die offenbar für solche Fälle bereitstand. Links und rechts von der Bank waren Tütenspender aufgestellt.

»Danke, geht schon!«, antwortete die junge Frau auf meine Frage, ob ich sonst noch irgendwie helfen könne.

Das kluge Söhnchen des jungen Paars hatte sich neben seinen Vater gesetzt und streichelte ihm die tätowierten Arme, während seine Mutter sich einem der Tütenspender zuwandte. Der blasse Vater hielt immer noch die Hände vor den Mund gepresst.

»Opa, kommst du?«, hörte ich Dannys unverkennbare Glockenstimme.

Die Stimme des armen jungen Vaters klang danach umso elender und dumpfer. Das Vorletzte, was ich von ihm hörte, waren die in die Tüte gesprochenen Worte: »Ich hätt' das Eis nicht essen sollen …«

Danny kriegt sie nie!

10

Die Kinder warteten neben dem Ausgang auf mich, und wie sie da – jetzt wieder mit den Käppis auf dem Kopf und den Rucksäcken auf dem Rücken – brav beieinanderstanden, war ich richtig ein bisschen stolz auf sie. Sie waren eine Rasselbande, wie es in meiner eigenen Kindheit geheißen hätte, aber doch eine ausgesprochen nette.

»Und jetzt?«, fragte Danny.

»Fahren wir jetzt Geisterbahn?«, fragte Wilma.

»Darüber hab ich noch gar nicht nachgedacht«, antwortete ich wahrheitsgemäß. »Was meint *ihr* denn?«

»Lieber erst Wildwasserbahn!«, schlug Sara vor.

»Iiiii, da wird man ja ganz nass!«, schüttelte sich Wilma.

Ich selbst hatte gar nicht gewusst, dass es in dem Vergnügungspark eine Wildwasserbahn gab, aber die Kinder hatten sich anscheinend kundig gemacht.

»In der Wildwasserbahn *soll* man nass werden, sonst macht es keinen Spaß«, erklärte Sara ihrer kleinen Schwester.

»Ich will aber nicht nass werden!«, stellte Wilma klar.

»Dann fahr eben nicht mit«, sagte Sara achselzuckend.

»Fahr *du* doch nicht mit!«, gab Wilma zurück.

»*Mir* macht's ja nichts aus, nass zu werden.«

»Mir auch nicht – ich *will's* bloß nicht.«

Als ich an der Stelle die Arme hob, um Frieden zu stiften, war es schon zu spät.

»Weil du eine dickköpfige kleine Tröte bist!«, zischte Sara mit funkelnden Augen.

»Besser eine dickköpfige kleine Tröte als eine Bohnenstange mit zu großen Füßen!«, schniefte Wilma mit zittriger Unterlippe.

Die Kleine war den Tränen nah, aber das mit der Bohnenstange und den großen Füßen schien zu sitzen. Jedenfalls begann jetzt auch die Unterlippe der großen Schwester zu zittern. Als beide Mädchen auch noch die Fäuste ballten wie ihr kleiner Bruder, bevor er gleich explodiert, trat ich einen Schritt nach vorn, um die beiden, falls nötig, zu trennen.

»Sara, Wilma, bitte, ihr müsst euch doch nicht streiten!«, sagte ich.

Die beiden wichen mit geballten Fäusten und zitternden Unterlippen vor mir zurück, aber ich ging ihnen nach. Die Jungs, die keine Anstalten machten, sich einzumischen, verlor ich damit aus dem Blick. Aber ich hörte sie natürlich noch.

»Wo ist denn Opas bolleriger Rucksack?«, hörte ich Danny fragen.

»Wahrscheinlich in der Achterbahn«, hörte ich William antworten.

Verd…! Ich fuhr herum und sah die Jungs mit den Fingern auf den Achterbahnzug zeigen, der hoch über unseren Köpfen auf der langsamen Gondelstrecke dahinfuhr. Da oben war mein Rucksack, und in dem Rucksack war meine Brieftasche mit dem ganzen Bargeld, das Menschen meiner Generation noch mit sich herumtragen, aber selbstverständlich auch mit der

Bank- und Kreditkarte und allen meinen Papieren. Nicht zu vergessen das Handy.

»Du musst schnell hin, bevor die Leute aussteigen und ihn jemand mitnimmt«, erklärte mir William vollkommen richtig.

»Ich flitz schon mal vor!«, rief Danny im Davonrennen.

»Schnick, schnack, schnuck!«, hörte ich hinter mir die Mädchen sagen.

»Gewonnen! Erst Wildwasserbahn!«, rief Sara, während ich Danny unter einem Schild mit der Aufschrift »Hier kein Eingang!« hindurchlaufen sah.

Mir selbst stellte sich wenige Augenblicke später eine mir wohlbekannte kleine Frau in Uniformjacke und mit Strohhut in den Weg.

»Sie können hier nicht durch!«, sagte sie.

»Ich suche meinen kleinen Enkel«, erklärte ich ihr. »Beziehungsweise meinen Rucksack.«

»Was jetzt, Ihren Enkel oder Ihren Rucksack?«

»Beide, Himmel noch mal!«, sagte ich lauter, als ich es eigentlich wollte.

»Schreien Sie mich etwa an?«, fragte die Frau.

Inzwischen hatten sich meine drei anderen Enkel hinter mir versammelt, und ich versuchte schon ihretwegen, ruhig und höflich zu bleiben.

»Nein, natürlich nicht«, sagte ich. »Sehen Sie, ich habe meinen Rucksack in der Achterbahn liegen lassen, darum möchte ich gern da sein, wenn gleich die Fahrt zu Ende ist, und mein Enkel ist schon mal vorausgelaufen.«

»Sie erlauben einem kleinen Jungen, allein zur Achterbahn vorauszulaufen?«, fragte die Frau. »Noch dazu an einer Stelle, wo es ausdrücklich verboten ist?«

Sie zeigte erst auf das Schild über ihrem Kopf und steckte dann die Hände in die Taschen ihrer Uniformjacke.

»Opa hat ihm überhaupt nichts erlaubt«, sagte Sara.

»So 'n Quatsch macht Danny von ganz allein«, erklärte William, was seine Schwester meinte.

»Genau wie vorhin beim Rotkäppchen, da haben Sie's ja selbst gesehen«, meldete sich auch Wilma zu Wort.

Die Frau vor mir zählte zu den Menschen, denen man ansieht, was sie denken. Jetzt gerade dachte sie vielleicht nicht wortwörtlich, aber in etwa: Na, sieh mal einer an, da schlagen wir ja zwei Fliegen mit einer Klappe – nein, drei! Wir schnappen uns das Kerlchen in der Achterbahn, kriegen damit auch den Feger aus dem Rotkäppchenkasten, und den verantwortlichen

Herrn Großvater haben wir gleich mit am Schlafittchen!

Ein Lächeln legte sich auf das Gesicht unter dem Strohhut, als die Frau mich aufforderte, stehen zu bleiben und zu warten, während sie sich um Danny und meinen Rucksack kümmere.

»Er hat ein rotes Käppi auf, stimmt's?«, fragte sie, und es mag wie erfunden klingen, aber exakt da kam hinter ihr der Racker mit dem roten Käppi angeschossen und war schnell wie der Blitz an ihr, aber auch an mir und seinen Geschwistern vorbei.

Danny musste die Frau auch von hinten erkannt haben und hatte offenbar beschlossen, ihr lieber nicht zu begegnen. Bis sie auch nur den Mund zu einem »Halt!« oder »Stehen bleiben!« öffnen konnte, verschwand er schon in dem Wäldchen mit dem Rotkäppchenkasten. Und wieder sah man, woran die Frau dachte, daran nämlich, dass der Kasten, solange sie sich bei der Achterbahn aufhielt, ohne Aufsicht war.

»Na warte, Freundchen!«, wiederholte sie die Drohung, die sie schon einmal ausgestoßen hatte, dann lief sie schneller, als man es ihr zugetraut hätte, los.

»Danny kriegt sie nie«, prophezeite Sara kühl.

»Echt nicht«, gab William ihr recht.

»Und was ist jetzt mit deinem Rucksack?«, fragte Wilma.

Himmel! Ich drehte mich um und sah den Zug schon wieder starten.

Aber ich sah noch etwas: meinen abgeschabten alten Rucksack, mit dem die tätowierte junge Frau verschwörerisch lächelnd auf mich zukam.

»Hier!«, sagte sie. »Ihr fixer Kleiner hat ihn aus dem Zug geholt.« Dann senkte sie die Stimme und fuhr fort: »Ich soll Ihnen ausrichten, dass er bei den Toiletten auf Sie wartet.«

Erst jetzt kam auch der tätowierte Vater an der Hand seines Söhnchens bei uns an. Er sah immer noch blass aus, aber als ich ihn fragte, ob es ihm schon besser gehe, nickte er.

»Wir gehen erst mal Hamburger essen, dann wird das wieder, stimmt's, Hase?«, sagte die junge Frau und hakte sich bei ihm unter.

Er antwortete mit einem gequälten Lächeln, und ich konnte ihn verstehen. Mir wäre an seiner Stelle auch eher nach Zwieback gewesen.

Die Kinder fanden die Idee mit den Hamburgern natürlich toll. Nicht nur das Söhnchen jubelte, sondern auch meine Enkel. Jedenfalls die drei, die ich gerade um mich hatte. Wildwasser- und Geisterbahn konnten offenbar warten.

»Aber Danny holen wir vorher schon noch ab?«, fragte ich.

»Logisch«, sagte Wilma. »Aber der mag auch Hamburger.«

»Und Mama brauchst du wieder nicht anzurufen«, sagte Sara.

»Mit Hamburgern ist es nämlich wie mit Cola«, erklärte mir William.

Ehrlich gesagt mache ich mir nichts aus Hamburgern, aber eine kleine Pause vor dem nächsten Fahrspektakel war mir ganz recht.

Auf dem Weg zu den Toiletten gingen wir nicht durch das Wäldchen, sondern im Bogen darum herum. Es war eine Vorsichtsmaßnahme, um der Frau mit dem Strohhut auszuweichen. Fürs Erste bekamen wir sie dann auch nicht mehr zu Gesicht.

Ach, die schon wieder!

11

Ob mir unterwegs der Gedanke kam, dass wir Danny womöglich gar nicht bei den Toiletten antreffen könnten? – Aber selbstverständlich. Wir brauchten gute fünf Minuten, bis wir um das Wäldchen herum waren, und auf seine wilden Ideen kommt mein jüngster Enkel im Sekundentakt.

Umso erleichterter war ich, als ich ihn vorsichtig den Kopf aus einer Tür des Toilettengebäudes strecken sah. Dass es die Tür auf der Damenseite war, fiel mir erst gar nicht auf. Ich bemerkte es erst, als eine weißhaarige Frau hinter ihm auftauchte, die ihn freundlich beiseiteschob und ihm dabei das schief sitzende Käppi gerade rückte.

»Dann hoffen wir mal, dass es deiner Mama bald wieder gut geht«, hörte ich sie sagen.

Danny sagte nichts und rückte nur das Käppi wieder schief. Er wartete noch, bis die Frau ein Stück entfernt war, dann kam er auch ins Freie.

»Spinnst du, aufs Damenklo zu gehen?«, fragte Sara.

»War ich doch gar nicht!«, wehrte sich Danny.

»Und Mama ist überhaupt nicht da«, hielt ihm Wilma vor. »Du hast die Omi angeflunkert.«

»Hab ich nicht!«, wehrte sich Danny. »Sie hat nur gefragt, ob ich immer auf die Damentoilette gehe, und ich hab gesagt, nein, bloß wenn ich auf Mama warten muss, weil's ihr nicht so gut geht.«

Ich vertrete prinzipiell die Auffassung, dass man Kinder ihre Meinungsverschiedenheiten untereinander austragen lassen soll. Aber hier ging es um die Wahrheit, da wollte ich Danny doch ein wenig auf die Sprünge helfen.

»Also haben Sara und Wilma recht, und du hast sehr wohl geflunkert«, sagte ich.

»Gar nicht«, protestierte Danny. »Das mit Mama ist ja wirklich passiert.«

»Letztes Jahr auf dem Weg in den Urlaub, auf einer Autobahnraststätte«, erklärte mir William. »Da war's Mama irgendwie grummelig im Bauch, und Danny musste auch aufs Klo, aber er war früher fertig und hat in die Damentoilette gerufen, dass er schon mal zum Auto vorgeht, und da hat Mama ihm gesagt, er soll sich auf der Damenseite vor ihre Kabine stellen, damit sie seine Füße sehen kann. Wir anderen waren nämlich nicht dabei.«

»Auf der Toilette jetzt«, sagte Sara, als fürchtete sie, die Geschichte oder Williams Art, sie zu erzählen, sei vielleicht zu kompliziert für mich.

»Im Urlaub waren wir ja alle zusammen«, ergänzte William.

»Und weißt du, was Mama gehabt hat?«, fragte Wilma.

»NEIN!«, sagte ich schnell, aber leider nicht schnell genug.

Die Kinder waren schneller, und ich konnte von Glück sagen, dass sie sich über die Bezeichnung der Krankheit, unter der ihre Mutter auf der Autobahnraststätte gelitten hatte, nicht einig waren. Die Wörter, die sie zu je zweien herausschrien, begannen zwar beide mit demselben Buchstaben, ergaben zusammen aber nichts, was irgendjemandem außer mir und ihnen verständlich gewesen wäre. Trotzdem drehte man sich erschrocken nach uns um, und eine Frau mit einem Mädchen an der Hand musterte uns mit einem Blick, als wollte sie sagen: »Ach, die schon wieder!«

Die Frau und das Mädchen trugen Sommerkleider aus auffallend ähnlich geblümtem Stoff und kamen mir bekannt vor. Aber erst als wir schon im Hamburger-Restaurant vor unserem Essen saßen, fiel mir ein, woher ich sie kannte: aus der Eiswagenschlange.

Das Essen bestand in meinem Fall aus einer Portion Pommes frites. Ich erwähnte ja schon, dass ich mir nichts aus Hamburgern mache. Die Kinder dafür umso mehr. Aber auch sie hatten den Blick der Frau bemerkt. Oder zumindest Danny.

»Opa, die Tante, die vorhin so komisch geguckt hat, das war doch die vom Eiswagen, die mich nicht aussuchen lassen wollte, oder?«, fragte er zwischen zwei Bissen von dem doppelstöckigen Riesenburger, den er kaum zwischen seinen kleinen Fingern halten konnte.

»Ja, warum?«, fragte ich zurück.

»Nur so«, sagte Danny und grub wieder die

Zähne in den triefenden Klops, von dem er mir gleich nach dem ersten Hineinbeißen versichert hatte, dass es der beste Hamburger der Welt sei.

Die Ereignisse, von denen ich hier erzähle, sind schon eine Weile her, und ich habe mir seither öfter überlegt, ob ich irgendetwas von dem, was an dem Sonntag im Vergnügungspark sonst noch passierte, hätte verhindern können. Heute weiß ich, ja, das hätte ich. Ich hätte mich nur daran erinnern müssen, was ein harmloses »Nur so« bei Danny bedeutet. Seine Geschwister hatten es mir ja erklärt.

Sie warnten mich aber auch nicht, wahrscheinlich weil sie genauso mit ihren triefenden Klopsen beschäftigt waren wie Danny. Was das Essen betraf, waren sich die vier zu meiner Überraschung vollkommen einig gewesen: eben die doppelstöckigen Riesenburger, dazu Pommes frites mit doppelt Ketchup und einfach Mayo. Auch über viermal Cola wären sie sich einig gewesen, aber der strenge Opa hatte diesmal nur Mineralwasser erlaubt.

»Von Mineralwasser kriegt Danny immer sein Rumpeln«, hatte Sara einen gar nicht so ungeschickten Versuch gemacht, mich umzustimmen.

»Genau wie von Cola«, hatte ich geantwortet. »Aber gut, dass du mich daran erinnerst!«

Ich hatte dann stilles Wasser bestellt und so getan, als bemerkte ich gar nicht, was sie dabei für Gesichter schnitten. Beim Essen hatte sich das aber schnell gelegt, und inzwischen hatten sie mir jeder mehrfach angeboten, von ihren Riesenklopsen abzubeißen oder wenigstens meine Pommes frites in ihre Saucen zu stippen. Dass ich beides ablehnte, konnten sie nicht verstehen, und vor allem Wilma kam immer wieder auf ihr Angebot zurück, auch ganz zum Schluss, als sie nur noch ein zermatschtes Klümpchen von der Größe einer viertel Frikadelle zwischen den Fingern hielt.

»Nur den einen Bissen, Opa!«, beschwor sie mich, als sie mir das Klümpchen von der anderen Seite des Tisches entgegenstreckte. »Bloß von trockenen Pommes wird man doch nicht satt.«

»Ich muss davon auch nicht satt werden, Liebes«, antwortete ich. »Erstens hab ich gut gefrühstückt, und zweitens hab ich noch was zum Essen im Rucksack.«

»Das haben wir auch«, sagte Wilma, ohne die Hand zurückzuziehen.

»Von Mama«, sagte Sara, die sich schon die Finger sauber leckte.

»Jede Menge«, sagte William, der für seine Finger eine durchgefeuchtete Serviette benutzte.

»Möhren und Gurke und so«, sagte Danny, der noch zu überlegen schien, was er mit seinen Schmierfingern anfangen sollte.

Ich selbst hatte das kleine hölzerne Gäbelchen verwendet, das man mir zu den Pommes frites gereicht hatte, und meine Finger waren sauber. Dafür war ich von dem, was mir die Kinder vom Inhalt ihrer Rucksäcke erzählten, so verblüfft, dass ich nichts unternahm, als mir von Wilmas Hand eine glibberige rosa Pampe auf die Hose tropfte.

»Ihr habt Essen *dabei*?«, fragte ich ungläubig.

»Klar«, sagte Sara.

»Du doch auch«, sagte William.

»Dann eben nicht!«, sagte Wilma und stopfte sich das tropfende Klümpchen selbst in den Mund.

Nur Danny schwieg. Wie es schien, hatte er seine Überlegungen abgeschlossen und wischte sich die Finger an der Hose ab. Dann winkte er fröhlich an mir vorbei, und als ich mich umdrehte, sah ich, dass sein Winken dem tätowierten Vater galt. Dem ging es offenbar wieder gut. Jedenfalls führte er, während er mit einer Hand zurückwinkte, mit der anderen einen doppelstöckigen Riesenburger zum Mund. Auch die nette junge Frau und das Söhnchen saßen vor den Klopsen, und ich dachte nicht zum ersten Mal, dass meine Tochter sich wahrlich keinen einfachen Beruf ausgesucht hat. Gewiss, ich selbst war fast vierzig Jahre lang Lehrer für Mathematik und Physik, aber ich durfte wenigstens Noten geben.

»Opa, trinkst du noch aus?«, riss mich Wilma aus meinen Gedanken.

Tatsächlich war nur in meinem Becher noch etwas von dem stillen Mineralwasser übrig. Allerdings trank ich es nicht, sondern befeuchtete damit meine unbenutzte Serviette und versuchte, die Flecken von der rosa Pampe aus meiner Jeans zu wischen.

»Mama sagt, vom Wischen werden Flecken nur schlimmer«, sagte Danny und hatte leider recht.

Achtung, Opa!

12

Als wir das Hamburger-Restaurant verließen, brummte mein Handy. Ich kramte es aus dem Rucksack und fand, was ich vermutet hatte: eine Nachricht meiner Tochter.

Denkst du dran, dass die Kinder zwischendurch was essen müssen?

Hallo?, antwortete ich, während die vier ungeduldig auf der Stelle traten.

»Zur Wildwasserbahn geht's da entlang«, sagte Sara, als ich das Handy wieder im Rucksack verstaut hatte.

»Und woher wisst ihr das?«, fragte ich.

»Von da«, sagte William und zog ein kleines Faltblatt mit einem Plan aus der Gesäßtasche. »Die gibt's beim Eingang.«

»Aber *er* hat ihn vom Nachbartisch genommen, als du das Essen holen warst«, erzählte mir Wilma.

»Der Mann, der dort gesessen hat, hat sich noch einen Kaffee geholt und nicht mal was gemerkt«, ergänzte Danny.

Obwohl ich auf einmal viele Besucher mit solchen Faltblättern in den Händen sah, schaute ich mich um, ob uns womöglich jemand folgte.

»Keine Angst, der Mann ist vor uns rausgegangen«, beruhigte mich Sara.

»Außerdem gibt's am Eingang genug davon«, sagte William und steckte das Faltblatt in die Gesäßtasche zurück.

Ich selbst beschloss, die Sache auf sich beruhen zu lassen, aber bei passender Gelegenheit darauf zurückzukommen, etwa dann, wenn Wilma wieder einmal, ohne zu fragen, eins von Saras Kuscheltieren mit in ihr Zimmer nahm. Oder wenn Danny sich nicht nur Williams Fußball auslieh, sondern hinterher auch noch behauptete, er habe keine Ahnung, wieso der plötzlich nicht mehr aufzufinden sei. Die Geschichte mit dem Plan wäre ein gutes Beispiel dafür, dass es nicht immer nur die Kleinen, also Wilma und Danny, waren, die es mit der Frage von Mein und Dein nicht so genau nahmen.

»Woran denkst du, Opa?«, fragte Wilma.

»Er überlegt sich bestimmt, ob er sein Regencape anziehen soll«, kam mir Sara mit einer Antwort zuvor.

»Woher willst du denn wissen, dass ich's überhaupt dabeihabe?«, fragte ich überrascht.

»Weil du's *immer* dabeihast«, sagte Sara.

»Genau wie Oma«, lachte William.

»Egal, wie schönes Wetter vorhergesagt ist«, lachte Sara.

»Und ziehst du's wirklich für die Wildwasserbahn an?«, fragte Danny ungläubig.

»Dann brauchst du doch gar nicht erst zu fahren!«, krähte Wilma, die ihre Abneigung gegen das Nassgespritztwerden erstaunlich schnell überwunden zu haben schien.

Offen gestanden, überlegte ich tatsächlich, ob ich das Regencape anziehen sollte. Die Kinder hatten nämlich recht: Ich *hatte* es im Rucksack. Nur wäre ich, wie ich beim Einsteigen in eins der Boote der Wildwasserbahn feststellte, der einzige Träger eines vor Spritzwasser schützenden Kleidungsstücks gewesen. Mir selbst hätte das nichts ausgemacht, aber die verstohlenen Blicke, die meine Enkel noch bei der Abfahrt auf meinen Rucksack warfen, zeigten mir, wie peinlich ihnen ein Opa im Regencape gewesen wäre.

Wir hatten ein Boot für uns allein, und lange passierte nichts, was über ein paar harmlose Tropfenschauer hinausgegangen wäre. Ganz offensichtlich hatten die Erbauer der Bahn dafür gesorgt, dass zwar viel Wasser durch die Gegend, aber nicht auf die Fahrgäste spritzte. Die Kinder jubelten trotzdem begeistert über jede Welle, auf der unser Boot für eine Weile ritt, und noch begeisterter über jeden Strudel, der uns in die Tiefe zu ziehen drohte, bevor er das Boot mit einem kräftigen Schubs wieder entließ.

Im Stillen machte ich den Erbauern der Bahn ein Kompliment für die Kunstfertigkeit, mit der sie die Schienen, auf denen die Boote liefen, vor den Augen der Fahrgäste verborgen hatten. Selbst als ich mich an einer ruhigeren Stelle weit über den Bug hinauslehnte, konnte ich nichts davon erkennen.

»Opa, suchst du was?«, hörte ich durch das Rauschen des Wassers und viel Geschrei von allen Seiten eins der Kinder rufen.

Ich vermutete, dass es Wilma war, die rief, war mir aber nicht sicher. Es war auch nicht wichtig, und trotzdem schaute ich über die Schulter.

Das Nächste, was ich hörte, war »Achtung, Opa!«, und diesmal war es ganz sicher Wilma. Ihre drei Geschwister sah ich den Leuten im Boot hinter uns zuwinken. Wer das war, sah ich nicht mehr, weil mich jetzt die Welle traf, auf die wir eben noch in ruhigem Wasser zugeglitten waren.

Es war, wie man mir hinterher erklärte, die größte Welle der ganzen Wildwasserbahn und eigentlich nur dazu gedacht, beim Aufprall auf den Bug eine ordentliche Wolke Gischt zu erzeugen. Dass sich jemand weit über diesen Bug hinauslehne, sei nicht vorgesehen und bisher auch noch nie passiert, erklärte mir der junge Mann in blauer Uniformjacke, der bei unserer Ankunft auf einen Stapel blütenweißer Handtücher zeigte und mir anbot, eins davon zu benutzen. Ich war von den Haaren bis zum Gürtel pudelnass und nahm das Angebot dankend an. Misstrauisch machte mich nur, dass man gleich einen ganzen Stapel dieser Handtücher bereithielt.

»Ich hab doch noch Achtung gerufen«, sagte Wilma vorwurfsvoll.

»Stimmt, wir haben's gehört«, bestätigte Sara.

»Ich ja auch«, sagte ich und warf das gebrauchte Handtuch in einen Korb, in dem schon mehr davon lagen.

»Und warum hast du trotzdem den Kopf ins Wasser gehalten?«, fragte William.

»War dir heiß?«, fragte Danny.

»Ein bisschen«, flunkerte ich, um den Kindern nichts von den geheimen Unterwasserschienen erzählen zu müssen.

»Na, wenigstens hat dich die Welle nach hinten ins Boot geschmissen«, tröstete mich Wilma.

»Sonst hättest du dich vielleicht noch dran festgeklammert, und es wäre umgekippt«, sagte Danny und bewies damit, dass er nicht nur auf wilde Ideen kommt, sondern auch eine wilde Fantasie besitzt.

»Quatsch!«, wusste es William besser. »Die Boote können gar nicht umkippen, die fahren auf Schienen.«

»Und jetzt Geisterbahn, yippiiieeeee!«, rief Wilma und zog mich mit sich fort.

»Yippiiieeeee!«, riefen auch die anderen drei und folgten uns.

Im Nachhinein betrachtet, hätte ich nach dem Boot hinter uns fragen sollen, genauer gesagt, nach den Insassen, denen Sara, William und Danny zugewinkt hatten. Aber konnte ich wissen, dass das noch eine Rolle spielen sollte? Nein.

Opa ist ja dabei!

13

Die Geisterbahn war anders als alle, mit denen
ich im Laufe meines Lebens gefahren war. Hier
fuhr man nämlich nicht von Anfang bis Ende in
einem Zug an schaurigen Gestalten vorbei. Das
tat man zwar auch, aber nur für eine gewisse
Zeit, dann hieß es aussteigen und zu Fuß zu
einem anderen Bahnsteig gehen, wo ein zweiter
Zug für die Rückfahrt bereitstehen sollte. Ein
freundlicher Herr, der mit der unvermeidlichen
blauen Uniformjacke, aber auch einer hohen

Schaffnermütze gar nicht recht zu einer Geisterbahn passen wollte, erklärte uns das alles, während er uns auf die einzelnen Wagen des ersten
Zuges verteilte.

Wie schon in der Achterbahn saß Danny
neben mir, weil für Kinder, die noch nicht zur
Schule gingen, eine erwachsene Begleitperson
vorgeschrieben war. Im Wagen vor uns saßen
die Mädchen, und William saß hinter uns neben
einer älteren, etwas blassen Dame mit noch erstaunlich vollem grauem Haar, das ihr offen
über die schneeweiße Bluse fiel. Es mag etwas
aus der Zeit gefallen klingen, aber ich hätte eine
so vornehme Erscheinung eher im Pavillon bei
Kaffee und Kuchen als in einer Geisterbahn erwartet. Kurz vor der Abfahrt hörte ich sie mit
William sprechen und fand meinen Eindruck
von ihr bestätigt.

»Sag, mein Junge, ist dir vor der Fahrt nicht
ein bisschen bange?«, fragte sie in dem altmo-
disch höflichen Ton, den auch eine meiner
schon länger verstorbenen Großtanten hätte an-
schlagen können.

»Quatsch, wieso denn?«, fragte William im etwas raueren Ton unserer Gegenwart zurück.

»Nun, so ganz allein«, erwiderte die Dame unverändert höflich.

»Bin ich doch gar nicht«, erklärte ihr William, während der Zug anruckte. »Opa ist ja dabei!«

Ich nehme an, er zeigte dabei auf mich, jedenfalls hörte ich die Dame sagen:

»Wie schön! Dann braucht dir wirklich nicht bange zu sein.«

Auch ein leises Kichern meinte ich zu hören, aber das rechnete ich schon irgendwelchen Geistern zu, weil genau da unsere Fahrt begann.

Unser Zug bewegte sich erst gemächlich und dann immer schneller werdend auf einen finsteren Tunnel zu. Kurz davor sah ich Sara und Wilma näher zueinanderrücken, und als wir eben in den Tunnel eintauchten, bemerkte ich zwei kleine weiße Hände, die sich schräg vor mir an die Wagenkante klammerten. Es waren Dannys Hände, und obwohl ich schon Sekundenbruchteile später nichts mehr sehen konnte, wusste ich, dass er in den Fußraum abgetaucht sein musste, denn von unserer Sitzbank aus konnte er die Wagenkante unmöglich erreichen. Das schaffte ich mit meinen längeren Armen nur gerade so, und richtig: Als ich neben mir ins Dunkel tastete, fand ich dort nur einen leeren Platz.

»Danny!«, rief ich leise.

Statt einer Antwort blitzte grelles Licht auf, in dem ich eine haarige Riesenspinne von der Tunneldecke baumeln sah. Dazu erklang ein hohles Lachen, als hätte ein Geisterbahngespenst gesehen, wie ich mich vor Schreck fast bis zu Danny hinunterduckte.

Das Gespenst lauerte dann hinter der nächsten Kurve, als ich mich gerade wieder aufrichten wollte. Aus seinem weißen Hemd leuchteten glutrote Augen, und tatsächlich lachte es genauso hohl, wie ich es noch im Ohr hatte.

Trotzdem erschrak ich nicht ganz so schlimm wie bei der Spinne und konnte in dem fahlen Licht, in dem das Gespenst erschien, einen Blick auf Danny erhaschen: Er hockte auf den Fersen vor der vorderen Wagenwand, hielt den Kopf gesenkt und machte keinen Mucks, bis ich den Fehler beging und ihm, als es gerade wieder finster wurde, großväterlich die Hand auf die Schulter legte.

Schon seit Fahrtbeginn gellten Schreie durch die Bahn, als wollten nicht nur die Geister die Menschen, sondern ebenso sehr die Menschen die Geister erschrecken. Aber Dannys Schrei war, obwohl ich die Hand schnell wieder wegzog, der mit Abstand lauteste und längste. Als er verebbte, war es bis auf das leise Rattern der Wagen totenstill – aber natürlich nicht lange, denn der Gruselspaß war ja noch nicht zu Ende.

Als Nächstes begegneten wir Flugsauriern, die mit weit aufgerissenen Schnäbeln und grässlichem Gekrächze dicht über uns ihre Kreise zogen. Im Dämmerlicht des urzeitlichen Waldes, den wir dabei durchquerten, sah ich, dass Danny sich noch tiefer duckte, während seine Schwestern einander kreischend in die Arme nahmen.

Von Danny kam kein Laut mehr, auch nicht, als das Dämmerlicht erlosch, das Gekrächze der Saurier verstummte und für eine Weile wieder nur das Rattern der Wagen zu hören war.

»Danny?«, flüsterte ich, hütete mich aber, ihn noch einmal anzufassen. Mir war nur, als bewegte er sich, und als wir kurz darauf in ein rötliches Schummerlicht eintauchten, sah ich ihn den Kopf ein Stück in Richtung Wagenkante heben.

»Na komm, Danny, du bist doch ein großer Junge!«, flüsterte ich ihm zu.

Vergebens: Als plötzlich Geigenmusik ertönte, duckte er sich blitzschnell wieder weg. Was er verpasste, waren zwei zur Geigenmusik Tango tanzende Geripppe, die seine Geschwister offenbar gar nicht gruselig fanden. Sara und

Wilma kicherten um die Wette, und als ich mich nach William umschaute, sah ich ihn gähnen. Auf dem Gesicht seiner Nachbarin glaubte ich ein versonnenes Lächeln zu erkennen, aber als ich ihr freundlich zunickte, ratterten wir schon wieder ins Dunkel.

Bevor wir das Ziel unserer Fahrt erreichten, begegneten uns noch ein glatzköpfiger grüner Muskelprotz, der eine verblüffende Ähnlichkeit mit dem tätowierten jungen Vater hatte, und eine Hexe, wie es sie so, mit einem Hexenbesen und einer fetten Warze auf der Nase, schon in den schlichteren Geisterbahnen meiner Kindheit gab.

Einen glatzköpfigen grünen Muskelprotz hätte es damals *nicht* gegeben, und wenn doch, hätte er nicht in einer Grube mit rosa Glibber festgesteckt, weil Glibber, wie ihn die Kinder heute kennen, noch gar nicht erfunden war. Sich aus der Grube zu befreien, schaffte der grüne Hüne zum Glück nicht. Er kam uns mit seinen von Glibber triefenden Händen allerdings so nahe, dass ich mich weit im Wagen zurücklehnte, damit mir nichts aufs Hemd tropfte. Zur rosa bekleckerten Hose brauchte ich nicht noch ein rosa beklecktertes Hemd.

Danny blieb, wo er war, und ich unternahm

auch nichts mehr, um ihn zum Auftauchen aus dem Fußraum zu bewegen. Von dem verzweifelten, aber stummen Hünen bekam er wahrscheinlich gar nichts mit, aber von der Hexe durchaus. Als sie mit scheppernder Stimme drohte, dass sie uns bald alle holen werde, machte er sich so klein, dass ich an mich halten musste, um ihm nicht tröstend über den Rücken zu streichen.

Während die Hexe zum Abschied kicherte, hoffte ich inständig, dass wir bald den versprochenen Bahnsteig erreichten, damit sich der arme Junge erholen konnte. Vielleicht gab es dort sogar einen Notausgang für Fälle wie ihn, und ich konnte ihm weitere Schrecken ersparen.

Inzwischen umschloss uns wieder tiefe Finsternis, und während hinter uns das Kichern der Hexe verklang, verkündete von vorn eine normal menschliche Lautsprecherstimme, dass unser Zug in wenigen Augenblicken auf Gleis neuneinhalb einfahre. Der Weg zu Gleis zehneinhalb, von dem der Zug zurück abfahre, sei ausgeschildert.

»Neuneinhalb ist so ähnlich wie bei Harry Potter!«, hörte ich Sara in die nachfolgende Stille flüstern.

Dann spürte ich, wie Danny sich bewegte, und als wir Sekunden später aus dem Dunkel ins Helle fuhren, saß er aufrecht und als wäre nichts gewesen neben mir.

Angeber!

14

Der Bahnsteig war kleiner als in einem richtigen Bahnhof, sah sonst aber vollkommen normal aus. Es stand sogar eine Schaffnerin da und
pfiff, während wir ausstiegen, auf einer Trillerpfeife, bis alle Fahrgäste zu ihr hinschauten. Erst
dann zeigte sie energisch in die Gegenrichtung,
und als wir uns alle umschauten, sahen wir
gleich neben dem Tunnel, aus dem unser Zug
gekommen war, einen zweiten mit einer nach
unten führenden Treppe. Über dem Treppentunnel stand »Zum Gleis 10 ½«.

»Seht ihr die Backsteinwand, vor der die Schaffnerin steht?«, fragte Sara. »Die ist auch so ähnlich wie bei Harry Potter.«

Ich selbst habe Harry Potter nicht gelesen, aber wenn Sara das sagte, musste es stimmen. Sie und William sind ausgewiesene Harry-Potter-Experten. Danny ist dafür noch zu jung, aber so viel musste er von seinen großen Geschwistern aufgeschnappt haben, dass er wusste, was es mit der Wand auf sich hatte. Auch ich wusste von den Gesprächen bei Tisch, dass Harry Potter irgendwann durch eine Backsteinwand auf einem seltsamen Bahnsteig gehen musste, und als Danny sich auf die Zehenspitzen stellte und die Fäuste ballte, legte ich unauffällig die Hand auf seinen Rucksack, um ihn, falls nötig, festzuhalten. Dass es nicht nötig wurde, lag an der Schaffnerin, die just da einen Schritt beiseitetrat. Dass über ihr »Gleis 9 ½« an der Backsteinwand stand, hatten wir schon gesehen. Dass hinter ihr ein Schild hing, sahen wir erst jetzt. Was auf dem Schild stand, zeigte, dass wir nicht die Ersten waren, denen auf dem Geisterbahnsteig Harry Potter in den Sinn gekommen war.

»Hindurchgehen nicht möglich! Eltern haften für ihre Kinder«, las Sara vor.

»Und ich dachte, es wird endlich richtig spannend«, seufzte William.

Ich hatte ihn zwar bei den tanzenden Gerippen gähnen sehen, aber das überraschte mich jetzt doch.

»War's das denn bisher nicht?«, fragte ich ihn.

»Geht so«, sagte er. »Aber die Geister waren ja alle nicht echt.«

»Stimmt«, gab ich zu. »Aber gruseln kann man sich ja trotzdem. Vor der Spinne zum Beispiel hab ich mich schrecklich gegruselt.«

»Wir auch«, sagten die Mädchen und schüttelten sich.

»Ich kein bisschen«, behauptete William.

»Ich auch nicht«, sagte Danny. »Ich hab mich überhaupt die ganze Zeit kein bisschen gegruselt.«

Ich will ehrlich sein: Für den Bruchteil einer Sekunde war ich in Versuchung, dem kleinen Angeber zu widersprechen, aber ich tat es natürlich nicht. Man verrät Kinder nicht, jedenfalls nicht als Großvater. Große Brüder wie William sind da weniger zimperlich.

»Angeber!«, sagte er. »Ich hab doch gesehen, wie du dich die ganze Zeit versteckt hast!«

Ich hatte längst die Hand von Dannys Rucksack genommen. Jetzt legte ich sie unauffällig wieder zurück. Ich rechnete mit dem Wutausbruch eines ertappten kleinen Märchenerzählers, der nicht wusste, wie er sich sonst aus der Affäre ziehen sollte, aber ich lag falsch. Danny schob nur lässig beide Hände in die Hosentaschen und sagte:

»Versteckt – so ein Quatsch! Ich wollte nur aus der Deckung kämpfen, falls die Geister kommen und sich Opa holen wollen. Opa hatte nämlich Angst, die ganze Zeit, nicht bloß vor der Spinne, und so Menschen holen sich die Geister am liebsten, das steht in dem Geisterjägerbuch, das Papa uns mal vorgelesen hat.«

»Stimmt«, räumte William ein. »Geister riechen kilometerweit, wenn jemand Angst hat, und solche Schwächlinge holen sie sich.«

Zugegeben, die Geschichte von den Geisterjägern kannte ich nicht. Trotzdem fiel mir natürlich so einiges ein, was mit dem Märchen vom tapferen Enkel und dem ängstlichen Opa nicht recht zusammenpasste. Ich wollte es auch vorbringen und überlegte mir nur, wie ich den Opa – also mich – verteidigen konnte, ohne den Enkel – also Danny – doch noch zu verraten. Ich bin mir sicher, ich wäre auf einen Ausweg aus dieser Zwickmühle gekommen, hätte man mich nicht mitten in meinen Überlegungen so erschreckt, dass ich herumfuhr und den armen Danny um ein Haar an seinem Rucksack zu Boden riss.

»Entschuldigung!«, sagte die Schaffnerin, die mir von hinten die Hand auf die Schulter gelegt hatte. »Aber Sie und Ihre Kleinen sind die Letzten, die noch auf dem Bahnsteig herumstehen, und bald kommt der nächste Zug.«

Tatsächlich sah man gerade die letzten der mit uns angekommenen Fahrgäste in dem Treppentunnel verschwinden.

Aber ...

15

Auf der Treppe nach unten beschloss ich, das Gespräch über meine Angst vor Geistern zu verschieben. Erst einmal standen uns ja, wenn ich die Geisterbahn richtig einschätzte, noch ein paar Schrecken bevor, und ich machte mir Sorgen, wie es Danny wohl erging, wenn er sich nicht hinter eine schützende Wagenwand ducken konnte. Vielleicht stand darüber ja etwas in dem Geisterjägerbuch, aber was, wenn nicht?

Inzwischen waren wir fast am Ende der Treppe angekommen und sahen, was uns unten erwartete. Das heißt, erst einmal sahen wir nur Nebel wabern, aber bei längerem Hinsehen schälte sich aus den Nebeln eine Moorlandschaft heraus. Bäume und Sträucher ragten aus grauer Erde, und dazwischen blubberten schwarze Tümpel. Es war ein schauriges Moor, man kann es nicht anders sagen. Aber noch schauriger war ein leises Jammern und Wimmern, von dem man nicht wusste, woher es kam. Und das Schaurigste war, dass man das Moor mit seinen Nebeln und blubbernden Tümpeln auf einem Steg aus krummen Brettern überqueren musste. Da war zwar ein Geländer, aber auch das sah wenig vertrauenerweckend aus.

Nur ein paar Mutige hatten den Steg schon beschritten, die meisten hielten am Fuß der Treppe erst einmal an. Es war sogar schon ein kleiner Stau entstanden, und wenn überhaupt jemand sprach, dann nur im Flüsterton.

Auch ich flüsterte nur, als ich meine vier Enkel ermahnte, immer schön bei mir zu bleiben.

»Klar, Opa«, flüsterten die Mädchen zurück.

»Du kannst dich auf uns verlassen«, flüsterte William.

Als von Danny keine Antwort kam, beschloss ich, ihn an der Hand zu nehmen. Aber er kam mir zuvor und zupfte mich am Ärmel.

»Ja, Danny?«, fragte ich leise.

Wir waren nur noch wenige Stufen vom Ende der Treppe und dem Stau flüsternder Menschen entfernt, als er mit seiner Glockenstimme antwortete:

»Opa, wenn du wieder Angst hast, gib mir lieber die Hand!«

Man glaubt nicht, wie dankbar ängstliche Menschen sind, wenn man ihnen einen Grund zum Lachen gibt. Das Gelächter, das uns entgegenschallte, übertraf das Gejammer und Gewimmer aus der Moorlandschaft bei Weitem. Erst als ein Windstoß in die Nebel fuhr und zusätzlich Wolfsgeheul einsetzte, verging manchen das Lachen, aber die weitaus meisten betraten doch eher beschwingt den kurz zuvor noch ängstlich gemusterten Steg. Wir selbst betraten ihn als Letzte, erst William und die Mädchen, dann Danny und ich Hand in Hand.

Um es vorwegzunehmen: Der Gang durchs Moor an sich war weniger gruselig, als ich erwartete hatte. Das Schlimmste daran waren noch die Bäume, die Weiden, genauer gesagt, aus deren knorrigen Stämmen dünne Äste in die Nebelschwaden ragten. Betrachtete man die Stämme näher, erkannte man darin Gesichter mit Glotzaugen und weit aufgerissenen Mündern, aus denen auch das leise Gejammer und Gewimmer kam. Wenn die Gestalten dann noch ihre Äste wie dünne Krakenarme nach dem Steg ausstreckten, konnte einem schon leicht mulmig werden. Allerdings brauchte man sich nur in der Mitte des Steges zu halten und war in Sicherheit.

So hielten wir es auch, bis vor uns schon das Ende der Moorlandschaft und dort ein weiterer Treppentunnel auftauchte. Über dem Tunneleingang stand wieder »Zum Gleis 10 ½«, und die Treppe führte nach oben. Danny war bis dahin nur ein einziges Mal hinter statt neben mir gegangen, nämlich als wieder die Wölfe heulten. Die Wölfe selbst waren zum Glück unsichtbar geblieben, und mir wurde, je näher wir der Treppe kamen, immer leichter.

Vor mir sah ich William und die Mädchen, Danny ging längst wieder neben mir, und ich glaube, alles wäre gut gegangen, hätte ich nicht plötzlich die vornehme Dame aus Williams Wagen entdeckt. An ihrem wallenden grauen Haar und der auch im dämmerigen Moorlicht weiß leuchtenden Bluse war sie leicht zu erkennen. Sie stand links von uns am Rand des Steges und schien ihren Spaß daran zu haben, dass die Krakenarme einer Weide sie regelrecht umschlängelten. Jedenfalls hielt sie still und rührte sich nicht vom Fleck. – Und da beschloss ich dummerweise, meinen Enkeln etwas zu beweisen.

»Sara, Wilma, William, wartet einen Moment!«, sagte ich. »Und Danny, gibst du bitte William die Hand?«

»Aber …«

William wollte fragen, was das sollte, und verstummte, als ich mich umdrehte und auf die Dame zuging.

Ich wollte sie natürlich nicht stören und schon gar nicht erschrecken, deshalb trat ich gut zwei Schritte neben sie. Erst als die Weidenkrakenarme keinerlei Anstalten machten, sich auch in meine Richtung zu schlängeln, rückte ich einen Schritt näher. Und natürlich schaut man jemanden, dem man so nahe rückt, auch an. Das gebietet, jedenfalls für Menschen mit meiner Kinderstube, die Höflichkeit.

Ich sah erst nur die Nasenspitze, die aus der grauen Haarmähne hervorschaute und die mir merkwürdig gerötet, ja fast rot erschien. Dann drehte sich die Dame zu mir um, und ich erstarrte, wie es in der Bibel heißt, zur Salzsäule. Ich schaute in ein Clownsgesicht.

Von einem früheren Kollegen und Verfasser einer Geschichte des Rummelplatzes weiß ich inzwischen, dass ich auf einen der ältesten Tricks des Spuk- und Geistergeschäfts hereingefallen bin: Man mogle eine besonders harmlos aussehende Person ins Publikum und lasse sie sich im richtigen Augenblick verwandeln. Bei manchen Menschen, wie bei mir, tut es da schon etwas Lippenstift auf der Nase.

Wie gesagt, das weiß ich *jetzt*. Und ob mir dieses Wissen bei der Begegnung auf dem Steg durchs Moor geholfen hätte, weiß der Himmel. Vermutlich wäre ich trotzdem zu Tode erschrocken. Und ganz sicher hätte ich auch dann versucht, trotz eines rasenden Pulsschlags Haltung zu bewahren, damit ich in meinem Zustand nicht auch noch die Kinder erschreckte. Die Dame selbst hatte sich nämlich gleich wieder umgedreht, und ich war mir sicher, dass außer mir niemand etwas von ihrer Verwandlung bemerkt hatte.

Ich wartete noch einen Moment, um mich zu sammeln, dann setzte ich ein Lächeln auf und drehte mich zu den Kindern um. Was ich jetzt sah, jagte meinen Puls gleich noch einmal in die Höhe: In der Mitte des Steges standen nur noch drei von ihnen.

Papa, war das ein Monster?

16

»Danny ist mir weggeflutscht«, sagte William.

Dann entdeckte ich ihn auch schon: Etwa auf halbem Wege zur nach oben führenden Treppe sah ich zwei Gestalten in genau derselben Haltung am Geländer stehen wie die schreckliche Dame, und auf diese beiden schlich sich Danny auf Zehenspitzen zu. Es waren unverkennbar die Frau und das Mädchen in den geblümten Kleidern, denen es ein besonders heftig blubbernder schwarzer Tümpel angetan zu haben schien. Das Mädchen zeigte mit dem Finger darauf, und die Mutter schüttelte den Kopf. Vielleicht wollte das Mädchen wissen, ob das Geblubber von irgendwelchen Geistern auf dem Grund des Tümpels kam, ich weiß es nicht. Ich sah nur, dass die Mutter mit dem Mädchen sprach. Und ich sah Danny, der nur noch wenige Zehenspitzenschritte von ihnen entfernt war. Als er kurz darauf anhielt, ahnte ich, was er vorhatte: Er wollte die beiden erschrecken.

»Danny, nicht!«, rief ich.

Zu spät. Er streckte schon die Hände nach seinen Opfern aus, und danach ging alles blitzschnell: Noch bevor Danny es auch nur berührte, wirbelte das Mädchen herum und schnitt ihm eine Fratze, dass er vor Schreck bis auf die andere Seite des Steges taumelte und noch von Glück sagen konnte, dass er dort nicht übers Geländer purzelte. Das Mädchen besaß wohl einen siebten Sinn für kleine Jungs auf Zehenspitzen, und Dannys zusätzliches Pech war, dass nicht weit von der Stelle, wo er sich jetzt ans Geländer klammerte, eine Weide mit besonders langen Ästen auf unvorsichtige Besucher wartete. Ein einziges dünnes Krakenärmchen im Nacken genügte, und er sauste zur Treppe, die er hinaufjagte, als wären alle Moorgeister der Welt auf einmal hinter ihm her.

Den Blick der Mutter, als ich, Dannys Verfolgung aufnehmend, an ihr und ihrer Tochter vorüberhastete, kannte ich schon. Das triumphierende Lächeln der Tochter kam diesmal noch hinzu. Und man konnte es der Kleinen nicht einmal übel nehmen. Sie hatte sich schließlich nur gewehrt. Ich wiederum nahm mir vor, mich später, wenn ich Danny eingefangen hatte und wir hoffentlich heil aus der verflixten Geisterbahn heraus waren, bei ihr und ihrer Mutter zu entschuldigen.

Jetzt schaute ich mich erst einmal nach William und den Mädchen um, und als ich sah, dass sie mir folgten, rannte ich, zwei Stufen auf einmal nehmend, die Treppe hinauf. Ich erwähnte ja bereits, dass ich noch regelmäßig jogge. Trotzdem wurde mir, als ich oben ankam, für einen kurzen Moment schwarz vor Augen. Die Strecken, auf denen ich jogge, sind schon seit Längerem eher flach.

Als die Kinder neben mir auftauchten, sah ich aber schon wieder klar: Wir befanden uns, wie nicht anders zu erwarten, auf einem Bahnsteig, der dem vorigen zum Verwechseln ähnlich sah. Es gab auch wieder eine Schaffnerin, und vor der Schaffnerin stand Danny und zeigte erst auf mich und dann auf den bereitstehenden Zug, in den ein Großteil der Fahrgäste offenbar schon eingestiegen war.

Alles war noch einmal gut gegangen, und als die Schaffnerin Danny an die Hand nahm und zu uns brachte, war ich so erleichtert, dass mir Tränen in die Augen traten und ich, als ich den Kleinen in die Arme nahm, nur ein schwaches »Danke!« murmeln konnte.

»Ganz ruhig!«, sagte die Schaffnerin. »Der Kleine hat mir schon von Ihren Bauchschmerzen erzählt. Steigen Sie schnell ein, dann kann ich die Fahrt freigeben, und zu den Toiletten geht es draußen nach rechts!«

Sie zeigte noch auf den Zug, dann steckte sie die Trillerpfeife in den Mund, und für eine Erklärung meinerseits blieb keine Zeit. Schließlich wollte ich die Rückfahrt auch ohne Bauchschmerzen so rasch wie möglich hinter mich bringen.

Warum auch immer, waren diesmal nur zwei Wagen für uns frei. In einem dritten unmittelbar dahinter hatten gerade Mutter und Tochter in den geblümten Kleidern Platz genommen. Ich bestieg mit William und Danny den Wagen davor, damit ich meine vier Schäfchen entweder neben oder vor mir hatte.

Als die Schaffnerin auf der Trillerpfeife pfiff,

schaute ich mir Danny zum ersten Mal seit unserem Wiedersehen auf dem Bahnsteig genauer an. Er saß neben mir und konnte mich nicht täuschen: Nicht ich hatte Bauchschmerzen, sondern er. Vor Angst, nehme ich an, obwohl er das bestimmt nicht zugegeben hätte. Als wir wenig später ins Dunkel des geisterbahnauswärts führenden Tunnels eintauchten, sah ich ihn gerade noch die Hände auf den Leib pressen.

Der finstere Tunnel war dann für eine Weile der Beweis dafür, dass es nicht viel braucht, um uns Menschen das Fürchten zu lehren. Es reicht für eine Gänsehaut schon aus, wenn gar nichts Gruseliges passiert, sondern nur passieren *könnte*.

Es passierte aber erst einmal nichts. Vom Rattern des Zuges abgesehen, herrschte eine gespenstische Stille. Nur bei uns, den Jungs und mir, kam es zu einer kurzen Unruhe, die ich fälschlicherweise darauf zurückführte, dass ich mich neben und nicht zwischen die beiden gesetzt hatte.

»Lass das, Danny!«, sagte William.

»Ich mach doch gar nichts!«, protestierte Danny.

»Lass meine Mütze in Ruhe!«, sagte William.

»Lass *du meine* Mütze in Ruhe!«, kam es von Danny zurück.

Danach herrschte wieder die gespenstische Stille wie zuvor, und wahrscheinlich dachten die meisten Mitfahrer, genau wie ich, dass es bis zum Ende der Fahrt so bliebe.

Es blieb aber nicht so. Vielmehr ertönte plötzlich das donnergrollenartige Geräusch, das mich schon einmal an die Berggorillas in Ruanda erinnert hatte. Nur klang es hier, wo es im Finstern von den Wänden widerhallte, beinahe bedrohlich. Als der Spuk vorüber war, verging noch einmal eine Zeit der Stille, bis ein dünnes Stimmchen fragte:

»Papa, war das vorhin ein Monster?«

»Monster gibt's nicht«, antwortete der Angesprochene, aber ein leiser Zweifel war dabei nicht zu überhören.

Als wir Sekunden später aus dem Tunnel ins Freie ratterten, wurde es mit einem Schlag so hell, dass man die Augen schließen musste. Als ich sie wieder öffnete, war Danny schon aus dem Wagen geturnt und rannte davon: nach rechts, wie die Schaffnerin auf dem zweiten Bahnsteig gesagt hatte.

»Er hat ja meine Mütze auf«, wunderte sich William.

»Und du seine«, sagte ich.

Dann stand ich auf und sah das Mädchen im Wagen hinter uns lächeln.

Wir vielleicht auch!

Wir sind nächsten Sonntag wieder da!

17

Ich fand ja, nach den vertauschten Mützen waren unsere Familien quitt. Trotzdem entschuldigte ich mich bei Mutter und Tochter, wie ich es mir vorgenommen hatte.

»Tut mir leid«, sagte ich, nachdem wir alle ausgestiegen waren. »Danny meint es nicht wirklich böse. Er kommt nur ständig auf Ideen.«

»Ach wissen Sie, wir kennen das«, sagte die Mutter überraschend verständnisvoll.

»Von Marie«, sagte die Tochter.

»Ihrer Zwillingsschwester«, erklärte mir die Mutter.

»Die ist heute krank, aber letztes Mal hat sie Leute nass gespritzt und ihnen die Zunge rausgestreckt«, erzählte die Tochter.

»In der Wildwasserbahn«, ergänzte die Mutter.

»Genau wie Danny«, erzählte die Tochter weiter. »Erst hat sie freundlich gewinkt, und dann hat sie gespritzt, auch genau wie Danny, als du den Kopf ins Wasser gesteckt hast.«

Ich brauchte William und die Mädchen nur anzuschauen und wusste, dass die Kleine *keine* Märchen erzählte. Wir waren demnach doch nicht quitt, aber die Mutter lachte schallend, und danach war sie es, die sich entschuldigte.

»Tut mir leid«, sagte sie. »Aber Ihr kleiner Tauchgang sah gar zu komisch aus. Ist Ihr Hemd eigentlich schon wieder trocken? Wenn nicht, sollten Sie sich vielleicht in die Sonne setzen. Nicht, dass Sie sich noch erkälten!«

»Danke!«, sagte ich und meinte damit ebenso ihr Verständnis wie ihren guten Rat, den ich tatsächlich zu beherzigen gedachte.

Erst galt es allerdings, Danny von der Toilette abzuholen. Wir verabschiedeten uns von Mutter und Tochter fast wie von Freunden, und als wir schon ein gutes Stück voneinander entfernt waren, kam das Mädchen noch einmal angelaufen.

»Ich heiß Sofie, und wir sind nächsten Sonntag wieder da«, sagte sie und flitzte davon.

»Wir vielleicht auch!«, rief Wilma ihr nach.

»Da sind Mama und Papa ja wieder gesund«, erklärte sie mir, ohne dass ich sie etwas gefragt hätte.

Kurz darauf entdeckte William in der Ferne eine blaue Mütze.

»Ich glaub, Danny kommt schon zurück«, sagte er, während wir an einem altmodischen Süßigkeitenstand vorübergingen und mir der Duft von Zuckerwatte und gebrannten Mandeln in die Nase stieg. Es ist ein Duft, dem ich schon als Kind nicht widerstehen konnte.

»Wisst ihr, was wir machen?«, sagte ich zu den Kindern. »Wenn Danny da ist, kaufen wir uns statt noch mal Eis Zuckerwatte und setzen uns damit irgendwo ins Gras.«

Ich rechnete mit einem freudigen Ja, erntete aber nur ein stummes Kopfschütteln.

»Keine Zuckerwatte?«, fragte ich.

»Doch«, antwortete Sara.

»Aber erst Mamas Gemüse«, erklärte mir William.

»Sonst wird sie sauer«, erklärte es Wilma genauer.

»Gut, dann esst ihr …«, begann ich meine

Antwort, dann war Danny nah genug heran, um lauthals zu verkünden, dass es nur noch einer gewesen sei. Was genau, ließ er dankenswerterweise offen.

»Gut, dann esst ihr erst Mamas Gemüse, und die Zuckerwatte gibt es hinterher«, brachte ich im zweiten Anlauf meinen Satz zu Ende.

»Wenn du mein Gemüse haben willst, kann ich auch gleich Zuckerwatte essen«, bot mir Danny an.

»Das ist nett von dir, aber Oma hat mir auch was eingepackt«, sagte ich.

»Und was?«, fragte Sara.

»Keine Ahnung«, antwortete ich wahrheitsgemäß. »Schinken- oder Käsebrot vielleicht.«

Wie sich herausstellte, war es auch Gemüse. Ob aus Gründen der Gerechtigkeit oder weil unsere Tochter zu viel geschnippelt hatte, weiß ich nicht. Aber die Kinder hatten ihren Spaß, und die Zuckerwatte schmeckte danach umso besser.

Und ich hätte meinen Hut gewettet, dass er's ist!

18

Der Rest ist schnell erzählt, denn bis auf ein kleines Geplänkel beim Verlassen des Vergnügungsparks kam es zu keinen Zwischenfällen mehr.

Unser kleines Picknick dauerte zwar nicht lange genug, um mein Hemd ganz trocknen zu lassen, aber es fühlte sich danach wenigstens angenehm warm an. Und die Kinder benahmen sich vorbildlich. Sie tauschten ihr Gemüse, weil die Mädchen keine Gurke und die Jungs keinen Staudensellerie mochten, aber sie aßen alles bis zum letzten Stückchen auf.

Nicht getauscht wurden die Mützen der Jungs.

Danny wollte nicht, weil er die Mütze des großen Bruders cooler fand, und William ließ ihm seinen Willen gegen das Stäbchen von der Zuckerwatte, weil man zwei davon als Essstäbchen benutzen kann. Wenn William groß ist, will er Samurai werden. Danny auch, aber Essstäbchen findet er trotzdem doof, was wiederum die Mädchen doof finden, die gern bei unserem Japaner essen und schon beinahe beleidigt sind, wenn ihnen die Kellner Besteck anbieten. Streit gab es aber auch zwischen Danny und den Mädchen nicht. Die Mädchen lachten nur, als er behauptete, er könne besser mit Stäbchen essen als sie und habe bloß immer zu großen Hunger.

Zu dem kleinen Zwischenfall kam es, als Danny schon von Weitem sah, dass der wohlbeleibte Kontrolleur inzwischen vom Eingang zum Ausgang gewechselt hatte. Da fragte er mich, ob er vorauslaufen dürfe, und als ich wissen wollte, warum, erklärte er mir, dass der Kontrolleur jetzt sein Freund sei und er sich richtig von ihm verabschieden wolle.

»Und es geht dabei nicht zufällig um Lakritz?«, fragte ich.

»Doch, auch«, war die ehrliche Antwort, dann rannte er davon.

Was wir alle nicht gesehen hatten und auch nicht sehen konnten, war, dass hinter dem Kontrolleur die kleine Frau mit dem Strohhut stand. Sie tauchte erst auf, als Danny schon so nah heran war, dass sie ihn festhalten konnte.

»Das ist er!«, hörte ich sie ausrufen.

»Bist du sicher?«, fragte Dannys Freund.

»Ganz sicher«, antwortete die Frau.

»Sagtest du nicht, er trägt eine rote Mütze?«

Ich hatte schon meine Schritte beschleunigt, aber als ich die Frau verdattert auf die blaue Mütze starren sah, hielt ich an.

»Was ist, Opa, sollen wir Danny nicht helfen?«, fragte William.

»Wartet!«, sagte ich. »Vielleicht braucht er uns gar nicht.«

»Was jetzt? *War* sie rot oder war sie's nicht?«, fragte Dannys Freund.

»Die hier war *noch nie* rot!«, mischte sich jetzt auch Danny ein.

»Doch«, sagte die Frau.

»Nein, *nie*!«, protestierte Danny völlig zu Recht.

»Sie meint: Doch, die Mütze von dem Jungen, der dem Wolf Rotkäppchens Kuchen in den Mund gestopft hat, war rot«, erklärte ihm sein Freund mit ruhiger Stimme.

»Und ich hätte meinen Hut gewettet, dass er's ist!«, sagte die Frau und ließ Danny los.

»Mit den Mützen sehen sie alle gleich aus«, sagte Dannys Freund und griff in eine der aufgesetzten Taschen seiner zu engen Jacke. In der schwarzen Tüte, die er daraus hervorzog und Danny in die Hand drückte, waren, wie sich später herausstellte, noch vier Lakritzschnecken, die Danny großzügig mit seinen Geschwistern teilte. Dass ich kein Lakritz mag, musste ich ihm nicht sagen, das ist in unserer Familie bekannt.

»Und jetzt ab mit dir!«, sagte der Kontrolleur und schob Danny in eine der metallenen Drehtüren, die aus dem Vergnügungspark hinausführen.

Als wir anderen vier zügig auf die Drehtüren zustrebten, schaute die Frau mit dem Strohhut lange auf William und seine Mütze, aber dann schüttelte sie den Kopf.

»Der ist zu groß«, hörte ich sie zu ihrem Kollegen sagen, und als wir sie freundlich grüßten, nickte sie immerhin zurück.

Auch den Polizisten, der immer noch im Dienst war, grüßten wir freundlich, obwohl er es sich nicht nehmen ließ, mich an das Handyverbot während des Fahrens zu erinnern. Für eine

Nervensäge hielt ich ihn, weil man als Opa ein Vorbild ist, nur im Stillen.

Mein Handy brummte dann auch erst, als ich zu Hause in die Einfahrt einbog und ich meine Tochter mit ihrem Handy vor der Haustür stehen sah. Die Kinder hingen da schon länger schlafend in ihren Sitzen. Allein für das Ausfädeln aus dem Parkplatz hatten wir eine geschlagene halbe Stunde gebraucht.

»Alles gut?«, stellte meine Tochter genau die Frage, die ich später auch auf meinem Handy fand.

»Alles gut«, sagte ich.

Ich war leise ausgestiegen und hatte die Kinder doch geweckt. Während sie aus dem Auto in die Arme ihrer Mutter stürmten, ging ich ins Haus. Ich wollte das Hemd wechseln und sehnte mich nach einer Dusche.

Und ICH hab ihn gerettet!

19

Beim Abendessen ging es mir ein bisschen wie den Kindern im Auto. Ich war hundemüde, und wäre die Unterhaltung nicht so lebhaft gewesen, wäre ich womöglich eingeschlafen.

Wie nicht anders zu erwarten, bestritten den Großteil der Unterhaltung nach einem solchen Tag die Kinder. Sie erzählten mit verteilten Rollen und waren sich dennoch erstaunlich einig, dass es ein toller Tag gewesen sei und sich ihr alter Opa tapfer gehalten habe. Dass ich mir jeden Kommentar dazu verkniff, war nicht nur meiner Müdigkeit geschuldet. Ich bin auch ganz grundsätzlich der Meinung, dass Kinder ein Recht auf ihre eigene Weltsicht haben.

»Er hat bloß dauernd Angst gehabt«, erzählte Sara.

»Schon in der Achterbahn«, wusste William noch.

»Aber ganz zum Schluss nicht mehr«, versuchte ausgerechnet Danny, mich in ein besseres Licht zu rücken.

»Bloß hat er dann seinen Rucksack vergessen«, machte Wilma alles wieder zunichte.

»In der Achterbahn jetzt«, erklärte Sara.

»Und *ich* hab ihn gerettet!«, verkündete Danny stolz.

»Den Rucksack jetzt«, erklärte William.

So fing es an, mit meinem angeblichen Versuch, mir ausgerechnet in der Wildwasserbahn den Kopf zu kühlen, ging es weiter, und es endete nicht etwa mit den vielen Ängsten, die ich den Kindern zufolge in der Geisterbahn ausgestanden hatte. Es fehlte noch die Geschichte, wie ich schlau, aber vergebens versucht hatte, Zuckerwatte und Gemüse in der falschen Reihenfolge zu essen.

»Opa wollte *erst* Zuckerwatte und *dann* Gemüse«, berichtete Sara.

»Aber wir haben ihm gesagt, dass das nicht geht«, erzählte William.

»Und dann wollte er auch noch lieber Schinken- oder Käsebrot«, verdrehte Wilma endgültig alles, was an der Geschichte zu verdrehen war.

Danny krönte sie dann nur noch mit der Bemerkung, dabei sei Gemüse für meinen Rumpelbauch bestimmt viel besser.

»Gut«, sagte mein inzwischen hörbar weniger verschnupfter Schwiegersohn, als für einen Augenblick Stille herrschte. »Und jetzt hören wir uns an, was euer Opa zu erzählen hat.«

»Ich?«, sagte ich. »Nichts.«

»Wirklich nicht?«, fragte meine nicht mehr gegen Hustenanfälle ankämpfende Tochter.

»Nein«, sagte ich. »Ich bin hier erstens bloß der Opa, und zweitens wüsste ich bei meinem nachlassenden Gedächtnis sowieso nur noch die Hälfte.«

»Schön«, sagte mein Schwiegersohn und meinte es sicher nicht so. »Dann ab zum Waschen und Zähneputzen, morgen ist wieder Schule!«

»Bei mir nicht!«, widersprach Danny wie immer bei diesem Satz.

»Und wenn alle gesund sind, gehen wir dann

nächsten Sonntag wieder in den Vergnügungs-park?«, krähte Wilma.

»So schnell eher nicht«, sagte meine Tochter, aber so wie Wilma die Unterlippe vorschob, war hier das letzte Wort noch nicht gesprochen.

Wozu das denn?

20

Es war schon in unserer Wohnung unterm Dach und nach den Spätnachrichten, als sich meine Frau im Sessel zurücklehnte und fragte:

»So, und wie war's jetzt wirklich?«

Ich hatte den kompletten Tatort verschlafen und war wach genug, ihre Frage in der dafür nötigen Ausführlichkeit zu beantworten. Schon als ich vom ersten Zusammentreffen mit dem Polizisten berichtete, brauchte sie ein Taschentuch – nicht wegen ihres ohnehin fast verschwundenen Schnupfens, sondern um sich die

Lachtränen abzuwischen. Als ich gegen Mitternacht fertig war, bestand sie darauf, dass ich die Geschichte aufschreibe.

»Wozu das denn?«, fragte ich.

»Als Gutenachtgeschichte«, sagte sie. »Die Kinder werden sich beömmeln.«

»Und ihre Eltern?«, fragte ich.

»Die auch – und wenn nicht, müssen sie da durch.«

Zu erwähnen wäre meinerseits noch, dass ich am nächsten Morgen ein leichtes Kribbeln in der Nase verspürte. Es war wahrscheinlich das nasse Hemd.